Helge Peukert

Das tradierte Konzept der Staatswissenschaft

Erfurter Beiträge zu den Staatswissenschaften

UNIVERSITÄT ERFURT

Herausgegeben
von
Frank Ettrich, Arno Scherzberg,
Gerhard Wegner

Heft 4

W DE G
RECHT

De Gruyter Recht · Berlin

Das tradierte Konzept der Staatswissenschaft

Von

Helge Peukert

W DE G
RECHT

De Gruyter Recht · Berlin

Privatdozent Dr. rer. pol. Dr. phil. *Helge Peukert*,
Hochschuldozent an der Universität Erfurt,
Krupp-Stiftungsprofessur für
Finanzwissenschaft und Finanzsoziologie

Gedruckt auf säurefreiem Papier,
das die US-ANSI-Norm über Haltbarkeit erfüllt.

ISBN 3-89949-217-X

Bibliografische Information Der Deutschen Bibliothek

Die Deutsche Bibliothek verzeichnet diese Publikation in der Deutschen Nationalbibliografie; detaillierte bibliografische Daten sind im Internet über http://dnb.ddb.de abrufbar.

Printed in Germany

Konvertierung/Satz: WERKSATZ Schmidt & Schulz GmbH, Gräfenhainichen
Umschlaggestaltung: Christopher Schneider, Berlin
Druck: Druckerei Gerike GmbH, Berlin
Binderarbeiten: Industriebuchbinderei Fuhrmann GmbH & Co. KG, Berlin

Das tradierte Konzept der Staatswissenschaft

1. Ein Versuch der Begriffsbestimmung und der Stand der Literatur

Beim Versuch einer übersichtlichen begrifflichen Bestimmung und Definition der „Staatswissenschaft“ als sich im 19. Jahrhundert herausbildende Disziplin, stößt man unvermeidlich gleich zu Beginn auf Probleme der Begriffsbestimmung (Taeuber 1956). Unter Staatswissenschaft kann zunächst eine eigene Forschungsrichtung verstanden werden, die in mehreren Disziplinen betrieben wird, zum anderen aber auch ein klar abgegrenztes disziplinäres Fachgebiet. Der Staat kann ferner unter einzelnen bzw. einem speziellen Gesichtspunkt, oder in seiner ganzen Erscheinungsvielfalt in den Blick genommen werden. Fasst man die Staatswissenschaft als Einzelwissenschaft in dem engeren Sinne, dass sie der staatlichen Erscheinungsvielfalt Rechnung tragen soll, so sind als beteiligte Wissenschaften die Allgemeine Staatslehre, die Politik, die Finanzwissenschaft, das Verwaltungsrecht, usw. zu nennen. Die den letztgenannten Ansatz vertretenden Staatswissenschaftler wie R. Mohl waren sich allerdings nicht wirklich über den einzubeziehenden Fächerkanon einig und änderten auch in ihren Schriften des Öfteren die Zusammensetzung des Kanons. Diese Vielstimmigkeit gilt auch für die um diesen harten Kern gelagerten Hilfswissenschaften wie Philosophie, Geschichtswissenschaften, Ethnologie, usw.

Unter Staatswissenschaft kann aber auch ein ganz bestimmter, epistemologisch begründeter, ganzheitlicher Zugang verstanden werden, bei dem ein organischer Zusammenhang der auf den Staat bezogenen oder von ihm ausgehenden wirtschaftlichen, rechtlichen, raumbezogenen, politischen und kulturellen Teilerscheinungen vorausgesetzt wird. Von diesem Ansatz her werden oft übergeordnete Prinzipien staatsadäquaten Handelns und Entscheidens abgeleitet, die von der jeweiligen Bestimmung des Begriffs und Zwecks, der Aufgaben und Formen, des Ursprungs und der Rechtfertigung des Staates abhängen. Schließlich gab es auch Überlegungen, die Staatswissenschaft in eine Art Universalwissenschaft münden zu lassen, die nur die Naturwissenschaften ausschließt und die sich u. a. der Analyse des Staates widmet. Diesem Unterfangen war allerdings kein Erfolg beschieden, da die so verstandene gesamte Staatswissenschaft in den späteren Sozialwissenschaften wie der Soziologie aufgefangen wurde und dann sogar noch Erweiterungen hinsichtlich ihrer Themenbreite erfuhr.

Das Grundproblem eines staatswissenschaftlichen Ansatzes angesichts der innerwissenschaftlichen Ausdifferenzierung seit Mitte des 19. Jahrhunderts beschreibt Taeuber folgendermaßen: Es besteht „ein Widerstreit zwischen dem Verlangen nach einer *theoretischen Schau* des Staates, wie er an sich ist, und der traditionellen *fachwissenschaftlichen Spezialisierung*. Wenn das Feld der Wissenschaften restlos in Fächer aufgeteilt ist, gerät grundsätzlich die Einheit und Ganzheit der Lebenserscheinungen in Gefahr, nicht mit berücksichtigt zu werden" (1956, S. 763, Sp. 1). Spezialisierung und das Aufgehen in den Sozialwissenschaften haben das Konzept der Staatswissenschaft spätestens seit 1933 in den Hintergrund treten lassen. An Versuchen einer Wiederbelebung hat es nicht gemangelt. Im Bereich der Politikwissenschaften sind neuere Anknüpfungsbemühungen (Ellwein und Hesse [Hgg.] 1990, und die historischen Rückblicke in Bleek und Lietzmann [Hgg.] 1999) allerdings weitgehend steckengeblieben zu sein (siehe aber Voigt 1996). Gleiches gilt für die Soziologie und die Wirtschaftswissenschaften nach 1945. Lange schien es, als könne einzig die Jurisprudenz mit der Staatswissenschaft etwas anfangen, da sie ein Materialobjekt Staat voraussetzt und dessen Analyse durch rechtliche Begriffe und Denkweisen in analytisch bestimmte Bahnen lenkt und in der allgemeinen Staatslehre und dem Verwaltungsrecht einen klar bestimmten thematischen Fokus bietet. Allerdings – und auch die Gründung einer staatswissenschaftlichen Fakultät in Erfurt ist in diesem Sinne zu deuten – hat die Ausdifferenzierung des Fächerkanons auch in jüngster Zeit Bemühungen um eine Reintegration der Disziplinen hervorgerufen, bei der auch an das Konzept der Staatswissenschaft angeknüpft wird (siehe insbesondere den beachtlichen Versuch von Schuppert 2003).

In den Wirtschaftswissenschaften ist ein verstärktes Interesse an einer Revitalisierung von Theoriekonzepten im Umfeld der Staatswissenschaft und ihrer Ausläufer, insbesondere der historischen Schule, festzustellen (z. B. Backhaus [Hg.] 1993 und Peukert 1998, 2000c und 2001a). Interdisziplinäre Versuche lassen sich auch in den Bereichen der Neuen Institutionenökonomik, des evolutorischen Ansatzes und der Neuen Wirtschaftsgeschichtsschreibung feststellen. Allerdings kann hier die nur bedingte Anschlussfähigkeit mit den Grundprinzipien der wie immer im Einzelnen konzipierten Staatswissenschaft im ursprünglichen Sinne nicht übersehen werden (Peukert 2000b, 2001b, 2004a). Diese Einschränkung gilt auch für den *Public Choice*-Ansatz (eine fast staatswissenschaftliche Kritik äußert Kuttner 1998, S. 333 ff.). Anknüpfungspunkte dürften eher im Bereich des sog. Altinstitutionalismus bestehen (Peukert 2002a, 2002b). Im Schnittfeld von Wirtschaft und Recht gibt es ebenfalls intensive Bemühungen um ein interdisziplinär motiviertes Aufgreifen der Staatswissenschaft. „In recent years, and increasingly so, the strong differentiation into ever more narrowly defined sub-disciplines has met with a counter movement. Law and Economics is one such example. Originally launched as a pedagogical device to teach the intricacies of American tort law by simple analytical means, notably price theory, the subdiscipline has taken on a life of its own. Now, all the major projects that could once be studied in the context of *Staatswissenschaften*, such as codification of private, commercial and penal law, the unification of large territorial areas hitherto fragmented, the „social question" of building new institutions, to foster trust and security and prevent friction along the divides of class, religion or race – all these larger social projects as they require social science advice need intellectual paradigms to guide the organisation and execution of research" (Backhaus 2001, S. 103).[1]

Eine genauere Vergewisserung der Bedeutung des frühen Konzepts der Staatswissenschaft ist angesichts der angesprochenen Neubesinnungen ein wohl sinnvolles Unterfangen. Leider ist die vorliegende Sekundärliteratur weniger hilfreich. Neben recht kurzen Überblicken finden sich eine ganze Reihe von wertvollen Studien zu Spezialgebieten (Duve 2000), raum-zeitlich begrenzten Zusammenhängen (Wolff [Hg.] 1957) und zur Entstehung der Polizei-Wissenschaft (Preu 1983; Maier 1966, 1969 und 1980). Es handelt sich hier um Untersuchungen, die aufgrund ihrer Fragestellungen für eine Vermessung der Staatswissenschaft im allgemeinen nur begrenzt hilfreich sind. Die Studien zu wesentlichen Persönlichkeiten und Wissenschaftlern der frühen Staatswissenschaft (siehe z. B. Denzer 1972) zeichnen zumeist den genauen Lebens- und Denkweg des Behandelten nach und lassen sich weniger auf eine vergleichende und eher analytische Gesamtschau der Staatswissenschaft ein (als Beispiele siehe Sheehan 1966, Angermann 1962), oder die Autoren kritisieren diese von oppositionellen Theorieansätzen aus (Blasius und Pankoke 1977). Andere Beiträge bleiben vorwiegend deskriptiv (Nörr et al. [Hgg.] 1994) oder verlieren sich in eher zusammenhanglosen Assoziationspirouetten (Schiera 1992).

In der spärlichen Literatur aus dem Lager des sogenannten real existierenden Sozialismus wurden der Kameralismus und die Staatswissenschaft wegen „ihres ideologischen Gehalts als auch bezüglich ihrer formellen Zusammensetzung den feudalabsolutistischen Interessen deutscher Terri-

---

[1] Das Sonderheft des *European Journal of Law and Economics* (12/3, 2001) befasst sich eingehend mit dem Konzept der Staatswissenschaft; siehe insbesondere die Beiträge von Drechsler (2001) und Schmidt (2001).

torialfürstentümer“ und der Ideologie des preußischen Weges mit stark antisozialistischen und antidemokratischen Akzenten zugeordnet (Braunreuther 1960, S. 1605, 1609–1610). Bereits Marx äußerte sich wenig schmeichelhaft im Nachwort zur zweiten Auflage des Kapitals aus dem Jahr 1873 mit den Worten: „Die politische Ökonomie blieb in Deutschland bis zu dieser Stunde eine ausländische Wissenschaft ... Umstände ..., welche die Entwicklung der kapitalistischen Produktionsweise bei uns hemmten ... Es fehlte der lebendige Boden der politischen Ökonomie. Sie ward als fertige Ware importiert aus England und Frankreich; ihre deutschen Professoren blieben Schüler ... Das nicht ganz unterdrückbare Gefühl wissenschaftlicher Ohnmacht und das unheimliche Gewissen, auf einem in der Tat fremdartigen Gebiet schulmeistern zu müssen, suchte man zu verstecken unter dem Prunk literaturhistorischer Gelehrsamkeit oder durch Beimischung fremden Stoffes, entlehnt den sog. Kameralwissenschaften, einem Mischmasch von Kenntnissen, deren Fegfeuer der hoffnungsvolle Kandidat deutscher Bürokratie zu bestehen hat“ (Marx 1975/1873, S. 19).

Die angelsächsische Literatur zeigt im Falle der Staatswissenschaft leider nicht ihre beste Seite. Es handelt sich zumeist um schnell zusammen gestückte, und wenngleich belesene, so doch oberflächliche Aufsatzsammlungen (Tribe 1995) und um Arbeiten, denen eine gewisse gelehrte Eile anhaftet, die Fakten um Fakten aufeinander türmen und eine Unmenge empirischer, historischer und dogmengeschichtlicher Details aneinander reihen, ohne diese in einen intelligiblen Interpretationsrahmen zu stellen (Lindenfeld 1997). Bei Lindenfeld wird – trotz bester Kenntnis des Gegenstandes – leider keine Beschreibung des thematischen Feldes geboten: Es gilt der Grundsatz, dass Staatswissenschaft alles ist, was sich so nennt. Eine Quintessenz, eine paradigmatische Analyse oder eine Genese der Entwicklung fehlen; auch leuchten die Foucaultschen Einsprengsel nicht ein und einige Werkportraits scheinen uns irreführend zu sein, so wenn Mohl als ein im wesentlichen klassifikatorischer Geist vorgestellt wird (Lindenfeld 1997, S. 96). Sehr treffend ist allerdings seine grundsätzliche Bemerkung, „(t)he mind-set [of the *Staatswissenschaft*] was neither exclusively one of calculating, instrumental rationality, nor of substantive, value-oriented rationality, but of both at once ... What struck me ... was the refreshingly un-Teutonic nature of much of the writing in the sciences of state, at least in the eighteenth and early nineteenth centuries“ (1997, S. 2–3). In anderen Beiträgen herrschen unhaltbare, um Originalität bemühte Übertreibungen vor (Pearson 1999, zur Kritik siehe Peukert 2001c). Die Arbeit von Brückner (1977) bietet einen gediegenen Überblick über die staatswissenschaftliche, kameralistische und naturrechtliche Debatte im Deutschland des späten 17. und frühen 18. Jahrhunderts. Angesichts der vielen vorgestellten Autoren und Bezüge fehlt der Arbeit ein gewisser Tiefgang hinsichtlich der Werkdimensionen und eine abschließende Gesamtreflexion.

Knut Borchardt beschrieb jüngst in einem Essay die Hochs und Tiefs der deutschen Volkswirtschaftslehre. Er behandelt kurz den frühen deutschen Sonderweg des Kameralismus, das hohe Ansehen der deutschen historisch-institutionellen Volkswirtschaftslehre um 1900 und ihr Absinken angesichts von Hyperinflation und Weltwirtschaftskrise, die sie theoretisch und wirtschaftspolitisch nicht wirklich zu meistern wusste. Nach dem zweiten Weltkrieg standen die Wirtschaftswissenschaften durch das Konzept der Sozialen Marktwirtschaft und später infolge der Rezeption des Keynesianismus und der Einführung des Sachverständigenrates und anderer Beratungsgremien bis zum Ausbrechen der Ölkrise, dem Ansteigen der Arbeitslosigkeit und steigender Inflationsraten in hohem Ansehen. Angesichts der Formalisierung der Wirtschaftswissenschaften stehe ihr die Öffentlichkeit heute eher verständnislos gegenüber. „Ob die hypothetische Methode und in Sonderheit die aus der Sicht des Laien erstaunlich kunstvollen, aus der Sicht des Mathematikers freilich zumeist primitiven Modelle, mit denen heute gearbeitet wird, etwas mit der Realität zu tun haben, ob sie diese in einem bestimmten Sinne abbilden, ist eine immer wieder gestellte Frage“ (2001, S. 205). Borchardt beschreibt im Folgenden den raschen Verlust des internationalen Ansehens der deutschen Nationalökonomie im 20. Jahrhundert und kontrastiert dies mit dem Feiern des Keynesianismus als revolutionäre Neuerung.

Borchardts Punkt ist, dass v. a. die Kreislaufanalyse, die Berücksichtigung von Kollektivbedürfnissen, das Denken in Institutionen, eine gesunde Skepsis gegenüber den Selbstheilungskräften des Marktes, die Betonung der Rolle des Staates und der Bedeutung der Verteilungspolitik, d. h. alle wesentlichen Aspekte, die als Kennzeichen des neuen Keynesianismus verstanden wurden, bereits Bestandteil des staatswissenschaftlichen Programms bis in die Ausläufer der jüngsten historischen Schule und des Ordoliberalismus (als weiteren Beleg siehe Peukert 2000a) war; verglichen mit diesem Programm „beruhte der „Fortschritt“ der Wirtschaftswissenschaft im 20. Jahrhundert auf einer radikalen Einschränkung der Fragestellungen“ (2001, S. 219). Nach einem Hinweis auf die gedankliche Öffnung des *mainstream* schließt sein Essay mit den Worten: „Es scheint tatsächlich eine Neuordnung von Lorbeerkränzen auf den Gräbern von Ökonomen im Gange zu sein. Freilich sollte das Pendel auch nicht bis zu einer Glorifizierung der wirtschaftswissenschaftlichen Leistungen der alten Deutschen ausschlagen. Aber vielleicht zu etwas mehr Stolz – nicht nur trotz, sondern gerade wegen des scheinbaren Sonderweges der Deutschen am Anfang des Jahrhunderts. Möglicherweise gehört er im 21. Jahrhundert zur Vorgeschichte der dann vorherrschenden Richtungen, von *main-stream economics*" (2001, S. 221–222). Wir fassen Borchardts Darlegung als Ermunterung auf, sich etwas intensiver mit der Früh- und Hochzeit der Staatswissenschaft zu befassen. Im folgenden soll zunächst ein kurzer historischer Überblick gegeben werden. Es folgt eine methodologische Vorannahme, an die sich hermeneutische Interpretationen ausgesuchter Texte der Staatswissenschaft anschließen.

2. Ein kurzer historischer Überblick

Den Beginn staatswissenschaftlichen Denkens kann man mit der klassischen griechischen Antike, beginnend mit den Werken Platons (1977a und 1977b) und Aristoteles (1973), datieren (siehe auch Stein 1853). Beiden schwebte eine Art Naturlehre des öffentlichen Lebens und der Staatsformen vor, die noch für W. Roscher als vorbildlich galt und auf der Trias Politik-Staat-Polis beruhte. „As opposed to any legal(istic) or other more narrow definition, „state" is widely understood here [in the Staatswissenschaft] as *polis,* or better even as structured human living together" (Drechsler 2001, S. 105). In der Neuzeit ist die Staatswissenschaft aus dem deutschen Kameralismus hervorgegangen (zum Kameralismus am Beispiel Justis siehe Peukert 2004b und 2004c). Mit dem aufkommenden Territorialstaat entwickelten sich erste Ansätze einer wissenschaftlichen Regierungslehre (z. B. in Seckendorffs „Teutscher Fürsten-Staat" von 1656; siehe Peukert 2005). Seit Mitte des 18. Jahrhunderts wird unter Staatswissenschaft die kameralistische *res politicae* verstanden, mit den Elementen Polizei, Finanzen und Statistik und im Sinne einer vergleichenden Staatenkunde (so z. B. Achenwall und Schlözer in „Allgemeines Staatsrecht und Staatsverfassungslehre" von 1793).

Die noch heutige Verleihung des Dr. rer. pol. ist ein Nachhall dieser frühen Konstruktion und Ausrichtung. „Obwohl gelegentl. in ihr auch jur. Gegenstände mitbehandelt werden, ist die S. [Staatswissenschaft] des 18. und frühen 19. Jh. im wesentl. eine um Statistik und vergleichende Verf.lehre erweiterte kameralistische Lehre von der Staats*verwaltung* mit den drei Hauptgebieten Ökonomik, Polizei (= innere Verwaltung) und Finanz" (Maier 1975, Sp. 2533–2534; siehe auch die dort erwähnte Literatur). Sie treten zunächst als Ergänzung neben die juristischen Disziplinen, insbesondere neben das sog. natürliche Privatrecht, ein Bezug, der noch im Titel von Hegels Rechtsphilosophie „Grundlinien der Philosophie des Rechts oder Naturrecht und Staatswissenschaft im Grundrisse" (1970/1821) zum Ausdruck kommt. Eine Analyse des damaligen deutschen Buchmarktes ergibt, dass die Anzahl staatswissenschaftlicher Bücher sich folgendermaßen entwickelte (Jahr: Anzahl, Prozentsatz aller Bücher): 1740: 10, 1,3 %; 1780: 32, 2,8 %; 1800: 93, 3,6 % (Lindenfeld 1997, S. 24).

Als eine Art Gründungsdokument der Staatswissenschaft lässt sich F. Lists Gutachten aus dem Jahr 1817 ansehen, der in Tübingen die Errichtung einer staatswissenschaftlichen Fakultät vorschlug. Zum Hintergrund erläutert Backhaus: „When Economics started as a scholarly and academic discipline with the foundation of two chairs in Frankfurt on the Oder and Halle on the Saale in 1723, it was at the initiative of the State to launch the academic discipline of Cameral Sciences. The purpose of launching this new academic discipline was to train future civil servants and public managers and to give them the insights, ideas and skills for prudent public management" (Backhaus 2001, S. 103).

List, damaliger ordentlicher Professor der Staatswirtschaft und insbesondere der Staatspraxis auf der hohen Schule zu Tübingen, forderte in seinem Gutachten „dass die Staatswissenschaft möglichst kultiviert und nach allen ihren Zweigen auf der Universität gelehrt werde" (1926/1817, S. 269). Entdeckte das 18. Jahrhundert, dass der Staat auf wissenschaftliche Grundsätze gestellt werden könne, so sei es seiner Zeit vorbehalten, diese Wissenschaft nicht nur auszubilden, „sondern auch ihre heilsamen Grundsätze ins wirkliche Leben einzuführen" (1926, S. 267). Lists Überlegungen wirken hinsichtlich der Problemwahrnehmung erstaunlich aktuell. Als ein zentrales Manko der Staatsverwaltungen seiner Zeit identifiziert er den heftig kritisierten ‚Schlendrian' der Staatsbediensteten. Die Staatswissenschaft als „Erzieherin der künftigen Staatsdiener" (1926, S. 272) könne dieses Manko allerdings überwinden. List tritt hier in offensichtliche Opposition zu Ansichten im Bereich von *Public Choice*, der Neuen Politischen Ökonomie usw., die eine solche Überwindung prinzipiell nur sehr begrenzt für möglich halten und daher für eine Dezimierung des Staatssektors und seiner Bediensteten eintreten.

Die Repräsentanten des Staates und seine Verwaltung müssen nach List mindestens das gleiche geistige Niveau haben wie die Interessenvertreter der bürgerlichen Gesellschaft. „Solche Fortschritte in den Volkseinsichten sind höchst gefährlich für die Regierung, wenn diese nicht gleichen Schritt hält, wenn an ihrer Lethargie eine Masse von neuen Ideen sich anschwellt, deren Nichtausführung das Volk endlich für bösen Willen zu deuten sich geneigt fühlt. Die Regierung muss an Einsicht höher stehen ... sonst ist es um ihren Kredit geschehen. Aber diese Forderung ist bei ihr um so schwerer zu erreichen, da hier nicht ... der Talentvollste auch am meisten gilt; da hier nicht wie dort ein vorzüglicher Kopf das Ganze zu leiten imstande ist; da hier nicht wie dort von wenigen Individuen der Schlendrian aus seinen geheimsten Winkeln aufgescheucht werden kann. Indessen steht die Regierung in anderen Punkten im Vorteil ... darin, daß sie im Besitz der Mittel ist, sich vorzügliche Staatsdiener zu bilden, daß es ihr leichter als dem Volke wird, die Vorzüglichsten aufzufinden“ (1926, S. 270). List kennt die Schwächen staatlicher Einrichtungen, die er durch eine auf Chancengleichheit beruhende elitäre Bildungsoffensive konterkarieren will, um mit den anderen gesellschaftlichen Makroinstitutionen wie Volksrepräsentation und wir können hinzufügen: gut organisierten Interessenvertretungen der Privatwirtschaft, mithalten zu können und diese, wenn möglich, sogar zu überflügeln.

„Der Staatsdiener wird jetzt durch bloße Routine gebildet. Die Rechtswissenschaft ausgenommen, lernt er nichts auf der Universität, was auf die Staatsverwaltung Bezug hätte, alles übrige lernt er bloß durch die Praxis bei den Ämtern und in der Kanzlei“ (1926, S. 272). 150 Jahre nach Lists Beschreibung lässt sich angesichts des durchgesetzten Fächerkanons, der die Staatswissenschaft oder ein Äquivalent nicht enthält, feststellen, dass seine Mängeldiagnose zumindest im deutschsprachigen Raum auch zu Beginn des 21. Jahrhunderts weitgehend zutrifft (in den USA übernimmt diese Funktion zum Teil die *New School University* in New York und ausdrücklich die *John F. Kennedy School of Government* in Cambridge [Mass.]).

Doch worin besteht genau das Problem dieser (Bildungs)Lücke? Für List „geht nicht nur die schönste kraftvollste Zeit seines Lebens nutzlos vorüber, sondern er [der Staatsbedienstete] weiß sich auch nie in seinem Leben auf einen wissenschaftlichen Standpunkt zu stellen; der Vorgang wird sein Stützpunkt und jede Änderung scheint ihm gefährlich, weil ihm der Kompaß, das Prinzip fehlt; und nie wird er auch eine klare Anschauung des ganzen Staatsgebäudes nach allen seinen Beziehungen erhalten. Der Rechtsgelehrte hat hierin vor dem Schreiber, das Justizfach ausgenommen, keinen Vorzug. Solche Routiniers sind das wahre Verderben des Staates, wenn sie nicht ganz untergeordnete Rollen spielen“ (1926, S. 272). Neben dem Schlendrian sieht List in der konservativ-wankelmütigen Grundhaltung von Politikern und Staatsbediensteten nicht eine strukturelle Zwangsläufigkeit aufgrund des Wesens des Staates, sondern im wesentlichen ein Bildungsdefizit: ohne Investitionen in *human capital* ist kein innovativer Output des Staates auf der Höhe der Zeit möglich. Diese Wahrheit seiner auch anderweitig vertieften Theorie der produktiven Kräfte (1959/1841) gilt für den öffentlichen wie den privaten Sektor gleichermaßen.

Um welche Art von Wissen geht es List? „Durch eine politische Fakultät erhält der Studierende eine philosophische Anschauung von dem ganzen Gebäude des Staates, er lernt alle einzelnen Fächer desselben wissenschaftlich erkennen und tritt also schon als ausgebildeter Staatsmann ins wirkliche Leben. Seine heilige Scheu ... ist verschwunden" (1926, S. 272). List fordert eine ganz bestimmte Charakterbildung, eine philosophische Gesamterkenntnis der Aufgaben des Staates, konzeptuelles Überblickswissen seines wesentlichen Aufbaus, ferner rein empirisch-statistische Kenntnisse über wesentliche Zusammenhänge und reines Stoffwissen einschließlich Anwendungsbezügen der entscheidenden Fächer. Zu diesen zählt er: die Enzyklopädie der Staatsgelehrtheit, die Staatsgeschichte und Statistik, das philosophische Staatsrecht und einige zu seiner Zeit wichtige Wissenschaftsbereiche wie die Bergbaukunde. Ferner führt er auf: die Gesetzeskunde und Verwaltung, d. h. die Staatsverfassungs- und -regierungslehre, letztere unterteilt in Theorie der Staatszwecke, Staatspolizei, Außenpolitik, Finanzlehre, allgemeine Gesetzeskunde, Lehre der Dienstverpflichtungen und Rechnungswesen (nicht ganz deutlich wird in seinem Entwurf die Demarkationslinie zwischen der politischen und der staatswissenschaftlichen Fakultät). Seine Schrift endet mit einem voluntaristischen Aufruf in Form einer Suggestivfrage: „Soll ewig der Ausspruch der Schlendrianisten, daß eine klare und einfache Verwaltung unausführbar sei, bloß darum unwiderlegt bleiben, weil man keinen außerordentlichen Versuch machen will?!" (1926, S. 284).

In Lists Gutachten erfährt der Leser wesentliches zum Umfang und den Aufgaben der Staatswissenschaft. Besonders deutlich tritt bei List hervor, dass die Idee der Staatswissenschaft sich nicht einem eigenwilligen Geist im Elfenbeinturm und rein theoretischen Überlegungen verdankt *(armchair theorizing)*, sondern die Staatswissenschaft Antworten auf vermutete Missstände in der realen Welt geben sollte, denen es mit Handlungsempfehlungen entgegenzutreten gelte. In diesem Zusammenhang sei kurz auf einen Artikel Mohls (1845a) hingewiesen, der auch die Einrichtung einer Anstalt zur Bildung höherer Staatsdiener vorschlug, da deren durchschnittliche Kompetenz zu seiner Zeit zu wünschen übrig ließe. Nach der letzten Staatsprüfung und abgelaufener Dienstprobezeit sollten die Fähigsten zu einer dreijährigen Zusatzausbildung bei guter Bezahlung, Unterbringung und Logis ermuntert werden, um zukünftig Minister-, Staatsrats- und Gesandtenpositionen zu übernehmen.

Die im Vergleich zum Verständnis der Staatswissenschaft als Lehre von der Staatsverwaltung bereits erheblich breitere Themenpalette bei List erfährt eine nochmalige Ausdehnung in Hallers „Restauration der Staatswissenschaften" (1816ff.), der wie List neben juristischen auch geschichtliche und philosophische Argumente behandelt. Sie wurden bei Schmitthenner um die Ethnologie ergänzt.

Die Forderung nach einer eigenständigen Staatswissenschaft führte zur Einrichtung staatswissenschaftlicher Seminare (die die juristischen ergänzen sollten) in Jena (1849), Heidelberg (1871), Halle und Straßburg (1872), Tübingen (1876) und Leipzig (1889). Ferner ist die Gründung der *Zeitschrift für die gesam(m)te Staatswissenschaft* durch v. a. Mohl und Schüz im Jahr 1844 zu erwähnen, die ihre staatswissenschaftliche Ausrichtung nach der bereits um 1900 erfolgten Verengung auf eher ökonomische Fragestellungen endgültig durch die Herausgeberschaft R. Richters, die Umbenennung in *Journal of Institutional and Theoretical Economics* im Jahre 1986 und die damit verbundene Neuausrichtung auf die Neue Institutionenökonomik verlor (Sauermann 1978/1979 und Hutchison 1994).

Ein Blick in die frühen Jahrgänge der Zeitschrift belegt die breite Themenpalette. Im 24. Band des Jahrgangs 1868 finden sich beispielsweise folgende Abhandlungen (heutige Schreibweise, leicht gekürzte Titelangaben): Steuern und Staatsanleihen, Über Kapitalrentenbesteuerung, Die Volkswirtschaftslehre als Wissenschaft, Über den Begriff eines sozialen Gesetzes, Die organische Auffassung des Lebens der Güterwelt, Turgot als Nationalökonom, Über das Objekt des Schulzwangs, Zur Frage des richterlichen Prüfungsrechts hinsichtlich der inneren Verfassungsmäßigkeit von Gesetzen und Verordnungen, Zur Lehre der Steuerüberwälzung, Die Beschlüsse des internationalen statistischen Kongresses in Florenz, Die französische Enquête über die kooperativen Gesellschaften, Über Wesen und Wirkung des Kreditgeschäfts und Zur Frage der Prüfungsansprüche an die Kandidaten des höheren Staatsdienstes. Ein eigenständiger Teil über Gesetzgebung, Miszellen, Literaturanzeigen und eine Bücherschau folgten.

Die erste Abhandlung des ersten Bandes der Zeitschrift wurde von R. Mohl verfasst. Ihr Titel lautet „Das rechtliche Verhältniss der taxischen Post zu den Staatseisenbahnen". Ihr vorangestellt ist ein von allen sechs Herausgebern unterschriebenes Vorwort, in dem die Ziele der Zeitschrift umrissen werden. Es solle sich um ein periodisches Organ handeln, in dem eine wissenschaftliche Erörterung der sämtlichen Aufgaben des staatlichen und gesellschaftlichen Lebens stattfinden soll. „Es sind sämmtliche *Staatswissenschaften,* welche wir zu besprechen beabsichtigen. Somit Staatsrecht und Völkerrecht; politische Oekonomie in ihrem ganzen Umfange, Polizeiwissenschaft, Politik; Statistik und Staatengeschichte ... Wir schreiben keine Zeitung und kein politisches Journal. Allein wir wünschen dazu beizutragen, dass sich Leben und Wissenschaft gegenseitig durchdringen" (Mohl et al. 1844, S. 4). Einerseits wollen die Autoren alle den Staat betreffenden Gebiete thematisieren. Inhaltlich wird aber insbesondere auf die Bedeutung der sozialen Frage hingewiesen. „Wir werden mit Freuden jede von Andern in dieser Richtung gemachte Leistung anerkennen. So im Staatsrechte, in der Volkswirtschaftslehre, in der Finanzwissenschaft, u.s.w. ... Demgemäß werden z. B. Pauperismus, Proletariat, Organisation der Arbeit ... von uns scharf ins Auge gefaßt werden" (Mohl et al. 1844, S. 6).

Besonders aufschlussreich sind zwei Beiträge von Schüz im ersten Band über das politische und das sittliche Element in der Volkswirtschaft (1844a und 1844b). Der erste Artikel richtet sich gegen den vor allem von der englischen nationalökonomischen Schule vorgebrachten Grundsatz, das egoistische Streben der Individuen sei die mächtigste Triebfeder in der Volkswirtschaft. Eine solche Sicht ende im reinen Materialismus, reduziere den Menschen auf ein bloß sinnliches Wesen und führe im zwischenmenschlichen und zwischenstaatlichen Bereich „zum Streben nach Ueberlistung, Ausbeutung und Unterdrückung, zu einem Raub- und Eroberungs-System" (1844a, S. 134). Übersehen werde die „Thatsache, dass die *Sittlichkeit* auf die wirthschaftlichen Bestrebungen, auf das wirthschaftliche Wohl der Einzelnen und der Völker einen mächtigen Einfluss ausübt; ... sie [die kritisierte VWL] scheint uns ... auf Grundsätze zu führen, die verstossen gegen die höheren Gesetze einer sittlichen Weltordnung und damit die Grundpfeiler *alles* gesellschaftlichen Wohles untergraben" (1844a, S. 133).

Der unverstellte Erwerbstrieb, der zur Habsucht und zum Streben nach Monopolen und Privilegien führe, wird einmal abgelehnt, weil es nicht angehe, für den Wirtschaftsbereich Verhaltensnormen zu predigen, die vom sittlichen Standpunkt aus abzulehnen seien oder wesentlichen Einschränkungen unterliegen müssten. Darüber hinaus sei nur ein rechtliches und sittliches Handeln Garant dafür, dass auch der wirtschaftliche Fortgang sicher und auf Dauer voranschreiten könne. Die Volkswirtschaft bestehe aus Natur (Rohstoffe usw.) und Geist. Letzterer lege die Regeln des Miteinander fest, Naturgesetze der Wirtschaft gebe es daher nicht. In guter kameralistischer Tradition tritt Schüz für eine abgewogene, längerfristig denkende geistige Ausrichtung ein, die sich stets bewusst bleibt, dass die Eigeninteressen von der Entwicklung der Interessen aller Anderen abhängen und mit denen des Gesamtsystems verwoben sind. Auf Dauer gelingt hochwertige Produktion nur mit einer großzügigen Behandlung der Arbeiter. Der Grundherr sollte erkennen, dass die Entwicklung der Stadt auch seinen Absatz erhöhe, die Handwerker schadeten sich durch deutlich überhöhte Preise letztlich selbst, da Konsumtion und Absatz behindert würde. Das Ideal ist „die Verallgemeinerung einer freieren [Leistungs]Conkurrenz" (1844a, S. 138), die mit einer intensiven regulatorischen Aktivität des Staates zu kombinieren sei.

Was den fiskalischen Standpunkt der Regierung betrifft, sei die Ausbeutung einzelner Klassen, hohe Besteuerung und Staatsmonopole abzulehnen, denn „nur bei möglichster Entwickelung der Kräfte und des

Wohlstands aller Klassen des Volks, bei gleichmässiger gerechter Berücksichtigung der verschiedenen Interessen, bei weiser Schonung der Quellen des künftigen Einkommens" (1844a, S. 139) lasse sich auf Dauer und auf friedlichem Wege ein angemessener Steuerertrag erzielen. Aus dem ethischen Imperativ folge die Aufgabe des Staates, keiner Klasse der Gesellschaft ein menschliches und materiell akzeptables Leben vorzuenthalten. „Erst aus der Anerkennung der sittlichen Persönlichkeit aller Glieder des Staats erwächst die unbedingte Verpflichtung für die Regierung und die Gesellschaft, auf eine Vertheilung des Volksvermögens und Einkommens hinzuwirken, bei welcher alle Klassen des Volks ein menschliches Leben zu führen im Stande sind" (1844a, S. 141). Hieraus leitet er einige Prinzipien für das Erbrecht und z. B. die Sozialpartnerschaft in (Groß-) Betrieben ab.

Im zweiten Aufsatz über das politische Element stellt Schütz einen wesentlichen Gesichtspunkt heraus. Er bemerkt, „dass die National-Oekonomie, wenn sie ihren Gegenstand der Wirklichkeit, dem Leben entsprechend darstellen will, die Volkswirthschaft nur als im Staate sich entwickelnd denken darf, und dass sie die Gesetze ihrer Entwicklung nur unter dieser Voraussetzung richtig und vollständig darstellen kann" (1844b, S. 335). Öffentliche Güter, Infrastruktur- und Bildungserfordernisse, die Herstellung von innerem Frieden und äußerer Sicherheit, Rechtssicherheit und einem funktionierenden Währungssystem und eine der Arbeitsteilung komplementäre Arbeitsvereinigung (siehe hierzu auch Schüz 1845 mit erstaunlichen ordoliberalen Anklängen) mache es sinnlos, „von einem fingirten ausserbürgerlichen Zustande" (1844b, S. 338) auszugehen. „Die wirthschaftliche Entwicklung eines Volkes ist mit seinem gesammten bürgerlichen und politischen Leben so enge verwachsen, steht in so enger ununterbrochener *Wechselwirkung* mit demselben, dass das eine ohne das andere nicht vollständig begriffen werden kann" (1844b, S. 348). Die Beiträge von Schüz zeigen somit starke Anklänge an die Institutionenlehre der historischen Schule und das spätere Konzept der sozialen Marktwirtschaft.

Ein gewisser systematisierender Höhepunkt der Staatswissenschaft wurde durch die 1890 beginnende Herausgabe des *Handwörterbuch der Staatswissenschaften* (Conrad et al. [Hgg.] 1890–1897) erreicht, in dem allerdings schon eine inhaltliche Verengung auf die Volkswirtschaftslehre, einschließlich einiger Spezialdisziplinen wie der Sozialpolitik, stattfand.

Als Hauptvertreter der Staatswissenschaft sind Robert Mohl (1799–1875, zu seiner Tübinger Schule siehe Bleek 1999) und Lorenz von Stein (1815–1890) zu nennen, die den Höhepunkt der Staatswissenschaft Mitte des 19. Jahrhunderts darstellen und zugleich einen gewissen Endpunkt markieren.

Mohl schlägt in „Die Geschichte und Literatur der Staatswissenschaften" (1960/1855, 1856 und 1858) eine Dreigliederung in allgemeine Staatslehre, dogmatische Staatswissenschaft (öffentliches Recht, Staatssittenlehre und Staatskunst) und historische Staatswissenschaft (Staatengeschichte sowie Statistik) vor, wobei die Gesellschaftswissenschaften (insbesondere die später in der Soziologie beheimateten Themenfelder) von ihm ausgegliedert wurden. Treitschke kritisierte in seiner stark beachteten Schrift „Die Gesellschaftswissenschaft" (1927/1858) den seiner Ansicht nach zu engen Staatsbegriff Mohls, da seiner Ansicht nach die Staatswissenschaft das gesamte Volksleben in seiner einheitlichen äußeren Ordnung erfassen solle. Stein geht es in seinem „System der Staatswissenschaft" (1964/1852 und 1856) um eine den Naturwissenschaften entgegengesetzte allgemeine Wissenschaft vom menschlichen Leben, die die gesellschaftlichen Zusammenhänge thematisch vertiefen sollte, womit er im Widerspruch zu Mohl steht, der gerade die Gesellschaftswissenschaften ausgliedern wollte. An erster Stelle stehen bei Stein die Statistik und die Bevölkerungslehre, gefolgt von der Volkswirtschafts- und der Gesellschaftslehre. Die Staatswissenschaft umfasst die Lehre vom Güterwesen als Unterwerfung des Natürlichen durch den Menschen. Im Gegensatz zu diesen äußeren Erscheinungen geht es in der Gesellschaftslehre um das Innere der Dinge, d. h. die geistige Arbeit, den geistigen Besitz und das geistige Leben. Die eigentliche Staatswissenschaft, der dritte Hauptteil, ist die Lehre von der Ordnung und den Gesetzten, die die Vielheit der Menschen im Staat als persönliche Einheit zusammenfassen. Dieser dritte Teil ist interessanter Weise nie erschienen.

Über die Situation der Staatswissenschaft in ihrer Hochzeit wird in der Literatur im allgemeinen folgendes festgehalten (Taeuber 1956). Sie fußte auf dem Kameralismus, zum Teil auf der politischen Romantik und ihrer Vorstellung einer organischen Einheit, die das Gemeinsame des Volkes ausdrückt, unter Hervorhebung der Bedeutung des Staates, was am nachdrücklichsten in Hegels staatsphilosophischem Idealismus zum Ausdruck kam und später durch die Forderung der Überwindung der sozialen Standes- und Klassengegensätze zur Lösung innerweltlicher Realkonflikte durch den Staat umgedeutet wurde.

Eine gewisse Gemeinsamkeit der Autoren der Staatswissenschaft Mitte des 19. Jahrhunderts bestand in ihrer Ablehnung des Liberalismus und in seiner Fundierung im Christentum, das sicher auch ein Motiv für die starke Betonung der Lösung der sozialen Frage war. Wie bereits erwähnt, drehten sich die Debatten auch um die organische Prämisse, d. h. inwiefern Volk, Politik, Wirtschaft, Raum, Gesetzgebung, Verwaltung und Recht eine stilistische oder geistige Einheit bilden und inwiefern dem Staat eine überragende und gestaltende Rolle zukommen soll und ob die bürgerliche Gesellschaft eine stärkere oder schwächere Autonomie, Eigenlogik und Prägekraft besitzt (Mohl vs. Treitschke). Als zugehörige Disziplinen wurden mit unterschiedlicher Akzentuierung angeführt: Allgemeine Staatslehre, Politik, Sittenlehre, positives Staatsrecht, Verwaltungsrecht, Finanzwissenschaft, Polizeiwissenschaft, Statistik, politische Psychologie, die Wirtschaftslehre, usw. Als Nachbarwissenschaften wurden Philosophie, Philologie, Geschichtswissenschaften, Archäologie, Ethnologie, Theologie, usw. erwogen und die grundlegende Frage gestellt, ob es eine einheitliche, vornehmlich „historische" Methode gebe, die zu einer integrierten neuen Disziplin führen könne oder es sich vielmehr um eine Addition verschiedener Disziplinen im Fadenkreuz von Wirtschaft–Gesellschaft–Staat handeln sollte.

Als Gegengewichte lassen sich die Isolierung der Disziplinen erwähnen, denen man längere Zeit durch die Herausgabe von Enzyklopädien beizukommen versuchte (siehe den Überblick über die erstaunliche Zahl solcher Werke Mohl 1845b und 1859). Ferner ist die Rezeption der klassischen Nationalökonomie A. Smiths durch Lueder (1998/1800, 1802 und 1804), Sartorius (1998/1796) und andere anzuführen. Smith beschwor, zumindest in simplen Interpretationen, eine weitgehend staats- und gesellschaftsfreie Tauschwirtschaft, deren marktmäßiger Schwerpunkt später durch formaltheoretische und utilitaristische Denkmuster ergänzt wurde (Roscher 1874, S. 593–625, Priddat 1998 und Winkel 1986). So kam es auch zu Abgrenzungen und Absonderungen ganzer Teilgebiete aus der eigentlichen Volkswirtschaftslehre, zu nennen sind insbesondere die Kommunalwissenschaften und die Wohlfahrtspflege. Im Bereich der Volkswirtschaftslehre konnten sich Teilbereiche der Staatswissenschaft dem vorgängigen *mainstream*-Paradigma entziehen (Inama-Sternegg 1903) und stark staatswissenschaftliche Elemente bewahren, zu nennen ist hier die Sozialpolitik, das Verkehrswesen, lange Zeit die Statistik, in methodischer Hinsicht die Wirtschaftspolitik, und als Fels in der Brandung die Finanzwissenschaft, die aber im deutschsprachigen Raum seit einigen Jahren zumindest in den einschlägigen Zeitschriften einer zunehmenden Formalisierung unterliegt. „War die Vorstellung von einer einheitlichen S. [Staatswissenschaft] in der 1. Hälfte des 19. Jh. verbreitet und lebendig, so ging in der 2. Jh.-Hälfte mit der Entwicklung der Wirtschaftswissenschaft, der Soziologie und der Rechtswissenschaft bzw. deren Teildisziplinen das Bewußtsein von ihr im wissenschaftlichen Denken in zunehmendem Maß verloren. Das war um so mehr der Fall, als in der gesellschaftlichen Wirklichkeit des 19. Jh. die Bereiche Wirtschaft, Gesellschaft und Recht mit ihrer ständigen Ausweitung gegenüber dem des Staates ein ständig wachsendes Eigengewicht erhielten" (Stavenhagen 1962, Sp. 627, hier ohne Verweispfeile).

In der Zwischenkriegszeit von 1918–1933 wurde das interdisziplinäre Element der Staatswissenschaft und wesentliche Fragestellungen durch den Marxismus, insbesondere aber durch G. Schmoller und A. Wagner als Vertreter der historischen Schule, wachgehalten. Nach dem ersten Weltkrieg sorgten auch die Gemeinwirtschaftsdebatte und die Erfahrungen des möglichen Kriegssozialismus zu einem Aufschub des Vergessens der Staatswissenschaft. Einen taxonomisch angelegten, sehr bemühten neuen Begründungsversuch legte Mayr (1910) vor, der allerdings ebenso folgenlos blieb wie Debatten im *Verein für Socialpolitik* über eine institutionelle Neugestaltung der Staatswissenschaft (Jastrow [Hg.] 1920).

Das vorläufige Ende der staatswissenschaftlichen Tradition ist spätestens auf das Jahr 1933 zu datieren. Die Staatsvorstellung der bisher vorgestellten Vertreter der Staatswissenschaft hat eingedenk aller Schattierungen mit der nationalsozialistischen Vorstellung eines starken Staates nichts gemein (zur Forderung einer deutschen Staatswissenschaft mit der Einheit von Volk, Gesellschaft und Staat siehe aus nationalsozialistischer Sicht Huber 1934). Nach 1945 erinnert die Hochschule für Verwaltungswissenschaften in Speyer an das Erbe der Staatswissenschaft, sie konnte (und wollte) aber nicht verhindern, dass die Träger der heutigen Verwaltung nicht modernisierte Kameralisten, sondern Juristen stellen. Unverkennbar spielten auch viele Motive der Staatswissenschaft in die Debatte um die soziale Marktwirtschaft hinein (Backhaus und Peukert [Hgg.] 2004), deren Hauptbeteiligte fast alle späte Vertreter der Staatswissenschaft als Lehrer hatten. Man kann durchaus die These vertreten, dass vermittels der verstärkten Kritik an einer neoliberalen Wirtschaftspolitik (Butterwege et al. [Hgg.] 1999) und dem Erstarken der Forschungsfelder der Sozialökonomik, der Wirtschaftssoziologie und der Finanzsoziologie auf unterschiedlichen Wegen eine Renaissance der Staatswissenschaft bevorsteht. Die bereits mehrfach gestellte Frage lautet allerdings: was bedeutet Staatswissenschaft? Im folgenden Unterabschnitt soll ein Bestimmungsversuch im Sinne einer epistemologischen Vermutung vorgetragen werden.

3. Eine methodologische Hypothese

Nach Drechsler (2001, S. 105) lassen sich Wissensgebiete durch die Bestimmung des Objektbereichs oder durch die angewendete Methode bestimmen. In diesem Unterabschnitt soll die Hypothese aufgestellt werden, dass dem staatswissenschaftlichen Ansatz bestimmte methodische Annahmen zumeist implizit zugrunde liegen, die seine paradigmatischen

Inhalte auf einem angemessenen Abstraktionsniveau zugänglich machten.

Den folgenden Unterscheidungen liegt zunächst die These der paradigmatischen Komplementarität zugrunde. Sie besagt, dass es grundlegende, alternative Arten und Weisen der sozialwissenschaftlichen Analyse mit jeweiligen Vor- und Nachteilen gibt, so dass die möglichen Herangehensweisen antagonistisch zueinander und dennoch komplementär sind. Theorien stellen jeweils unterschiedliche Fragen und betrachten die Welt von unterschiedlichen Blickwinkeln aus und wenden hierbei differente Methoden an.

Nach Rutherford liegen ihnen letzte Entscheidungen der Theoriekonstruktion zugrunde, es bestehen nämlich „some *general* problems inherent in any attempt to deal with institutions" (1996, S. IX). Die Probleme können als *trade-offs* zwischen fünf komplementären, aber dichotomischen Untersuchungsstrategien gefasst werden: Formalismus vs. Antiformalismus, Individualismus vs. Holismus, Rationalität vs. Regelbefolgung, Evolution vs. Design und Effizienz vs. Reform. Die Dichotomien bedeuten im Einzelnen: „i. The role of formal theoretical modelling as opposed to less formal methods, including historical and ‚literary' approaches. ii. The emphasis to be placed on individual behaviour leading to social institutions as opposed to the effect of social institutions in moulding individual behaviour. iii. The validity of rationalist explanations as opposed to those that place limits on the applicability of rationalist conceptions. iv. The extent to which institutions are the result of spontaneous or invisible-hand processes as opposed to deliberate design. v. The basis on which normative judgements can be made, and the appropriate role of government intervention in the economy" (Rutherford 1996, S. 174).

Einer eher formal-mathematische Vorgehensweise gelingt z. B. analytische Stringenz, sie wird aber zumeist durch eine begrenzte Relevanz und Reichweite der Aussagen erkauft (siehe am Beispiel der Spieltheorie Fisher 1989). Die hier vertretene These, angeleitet durch die bisherigen Textlektüre vor allem von List und Schüz, lautet, dass die Staatswissenschaft sich insgesamt – und trotz unterschiedlichster Ausprägungen – der rechten Seite der genannten sozialwissenschaftlichen Dichotomien verschrieben hat.

Anhand der Variablen lassen sich unterschiedlichste Ansätze abgrenzen. Rutherford entwickelte die Dichotomien hauptsächlich zur Unterscheidung neuerer institutionalistischer Ansätze. Ein Blick in die Literatur zeigt, dass z. B. heute die neue Institutionenökonomie und evolutorische Ansätze eher elegante, formale deduktive und transhistorische Modelle, den methodischen Individualismus, Varianten der *(bounded) rationality* und das Smith-Menger-Hayeksche oder Darwinistische Mutations/Selektionsmodell einer spontan sich herausbildenden Ordnung vertreten. Demgegenüber verfolgt der kritische Altinstitutionalismus eine weniger rigorose Methode und schließt die Interrelation von mehreren Variablen zum Verständnis der realen Welt ein. Sie umfasst dokumentarische Geschichten, Fallstudien von Industriezweigen und Betrieben, aber auch einen universalgeschichtlichen Historismus, der sich z. B. in Veblens oder Schmollers Stadientheorien ausdrückte.

Rutherfords Begriff des Holismus bedeutet, dass es keine prinzipielle natürliche Einheit der Analyse, z. B. „das Individuum" (oder das einzelne Gen) gibt, sondern dass die Konzeption der natürlichen Basiseinheit von der Fragestellung abhängt und vom kulturellen Hintergrund mit bestimmt werden. Aufgeklärte sozialwissenschaftliche Analyse sollte sich nicht von vornherein auf eine Basiseinheit festlegen und emergente Eigenschaften wie „den Staat" ausschließen. Individuelle Präferenzen werden zu einem hohen Prozentsatz durch die Kultur, heute auch die Massenmedien, Werbung usw. bestimmt. Die adäquate Analyseebene kann demnach das Individuum, eine Organisation, der Staat, oder die Gesellschaft sein. Der Staatswissenschaft wohnt eine gewisse *top-down* Tendenz inne. Der Grund für diese Wahl wird im heutigen soziologischen Neoinstitutionalismus folgendermaßen begründet: „Institutionalized arrangements are reproduced because individuals often cannot even conceive of appropriate alternatives (or because they regard as unrealistic the alternatives they can imagine). Institutions do not just constrain options: they establish the very criteria by which people discover their preferences" (DiMaggio und Powell 1991, S. 10–11). Im Bereich des Altinstitutionalismus sind hier die Überlegungen zur Habitusbildung (*habit formation)* und den geistigen Vorannahmen (Veblen's *preconceptions*) angesprochen.

Regelbefolgung bedeutet, dass die Schlüsselelemente der kognitiven Wahrnehmung durch Werte, Normen und Haltungen beeinflusst werden und nicht unbedingt primär durch Selbstinteresse und Opportunismus motiviert sein müssen oder durch Routinen und Skripts, die an einen (ökonomischen) Effizienzstandard gebunden sein müssen. Es herrscht die Überzeugung vor, dass alle Institutionen und Entwicklungen materielle Praktiken und symbolische Systeme enthalten, die nicht nur eine instrumentelle Funktion, sondern auch einen rituellen und zeremoniellen Aspekt haben. Demgegenüber hat sich in der neuen Institutionenökonomik das Simonsche Konzept der *bounded* bzw. *satisficing rationality* durchgesetzt, das aber schon vom Begriff her ambivalent ist, da es sich nach wie vor schon rein begrifflich am Standard vollkommener Information orientiert und sich fragen lässt, ob es angemessen zur Beschreibung von Orientierungen in offenen Systemen mit unsicheren Zukunftszuständen ist.

Bewusstes „design“ oder politische Gestaltung ist ein weiteres Charakteristikum, das hier der Staatswissenschaft als konstitutives Element unterstellt wird. Viele dynamische Wandlungsprozesse können nicht durch das Bild eines spontanen Marktprozesses oder die Stabilisierung einer evolutionären Mutation verstanden werden, sondern eher als Resultat bewusster politischer Gestaltung. Als Beispiel mögen die Einführung neuer technologischer Trajektorien durch den Staat dienen (Dosi 1984). Des weiteren sind Marktprozesse selbst das Resultat von Gestaltung in dem Sinne, dass sie von einbettenden juridischen Regeln abhängen. Märkte und evolutionäre Mutationen garantieren keine generalisierbare Effizienz. Interessenkonflikte sind nach Rutherford zentral für den Altinstitutionalismus und nach unserer Sicht auch für die Staatswissenschaft. Beide nehmen die Tatsache sehr ernst, dass Märkte als nicht bewusst gesteuerte Prozesse indifferent gegenüber Verteilungsfragen, Externalitäten, ökologischen Konsequenzen, akzeptablen Arbeitsbedingungen und der Vermeidung von Arbeitslosigkeit sind. Demgegenüber wird in der neuen Institutionenökonomik die biologische Analogie zunehmend durch das spontane Ordnungskonzept ersetzt (soziale Ordnungen als Resultat menschlicher Handlungen, aber nicht menschlichen Designs).

Regulation durch den Staat wird auch von der Staatswissenschaft nicht primär skeptisch gesehen, sondern kann auch zu einem normativen Imperativ werden, da, in heutiger Terminologie, nicht auszuschließen ist, dass die dekoordinierenden Wirkungen bei zukunftsoffenen Marktprozessen die koordinierenden überwiegen. Als Beispiel auf der grundlegenden Ebene des Wirtschaftssystems (Sombart 1925) sei der durch den natürlichen *drift* nicht schnell genug erfolgende Übergang von fossilen zu solaren Energiequellen erwähnt, der die Menschheit vor ernste Überlebensprobleme stellen dürfte (Scheer 1999).

Zusammengefasst wird als Hypothese die Annahme formuliert, dass Ansätze des heutigen ökonomischen *mainstream* einschließlich heterodoxer aber verwandter Varianten wie die neue Institutionenökonomie, aber auch z. B. der *Public Choice* Ansatz eher auf der linken, der Altinstitutionalismus und die Staatswissenschaft eher auf der rechten Seite der Rutherfordschen Dichotomien stehen. Beide Ansätze sind „theoretisch“ und erschließen vom alternativen Ansatz zwangsläufig ausgeblendete Wirklichkeit. In den folgenden Teilen sollen vier Autoren der Staatswissenschaft (Schlözer und Jung, Mohl und Stein), die in zwei unterschiedliche Phasen der Entwicklung der Staatswissenschaft fallen, einer hermeneutischen Analyse unterzogen werden. Es werden Gemeinsamkeiten und Unterschiede zwischen den Schriften der Autoren und Übereinstimmungen mit Blick auf die Rutherfordschen Dichotomien festgehalten unter der Fragestellung, ob es übergreifende, konstituierende

Elemente der Staatswissenschaft auch in Hinblick auf die Möglichkeit ihrer heutigen Weiterführung gibt.

4. Schlözers Enzyklopädie und Metapolitik der Staatswissenschaften (1793)

Dem Allgemeinen Staatsrecht stellt Schlözer (zum biographisch-institutionellen Hintergrund siehe Lindenfeld 1997, S. 41–45), damaliger Hofrat und Professor der Staatsgelehrsamkeit in Göttingen, im Jahr 1793 eine Enzyklopädie und eine Metapolitik voran, die hier zunächst etwas näher beleuchtet werden sollen. Sein Ausgangspunkt ist die Beobachtung, dass es eine ungeheure Menge an Kenntnissen über Regierungen und Staaten gebe. Schlözer fragt sich, ob diese in ein geschlosseneres System gebracht werden können (1970/1793, S. X). In der Einleitung bestätigt er, dass die Staatsgelehrsamkeit eine eigene Klasse von Wissenschaften konstituiere, „eine lange, schwer zu übersehende Reihe von ganz verschiedenen, wiewol innigst unter sich verbundenen Wissenschaften" (1970, S. 2).

Die Einleitung bestimmt den Staat als eine uralte, seit den ersten Anfängen der Menschheit anzutreffende Erfindung, er sei „eine künstliche, überaus zusammengesetzte Maschine, die zu einem bestimmten Zwecke gehen soll" (1970, S. 4). Schlözer vertritt weder ein organizistisches, noch ein spontan-evolutionäres Modell der Staatsentstehung. Der Staat tritt ergänzend zur häuslichen und bürgerlichen Gesellschaft, im Unterschied zu beiden sei beim Staat räsonierende Vernunft im Spiel, bei den zwei zuvor genannten lange schon der bloße tierische Instinkt. Da selbst alle halbkultivierten Völker einen Staat besäßen, müsse dieser ein unentbehrliches Bedürfnis stillen und im Plane des Schöpfers liegen (1970, S. 5). Der Staat beruht also einerseits auf Vernunfttätigkeit, andererseits aber auch auf einer religiösen Grundlage. Gelegen ist ihm an strengen, unwiderlegbaren Beweisen (1970, S. 7). Die gedankliche Ableitung erfolgt auf plausibilistisch-funktionalistische Art und Weise.

Nach dieser Einleitung geht er auf die untergliedernde Enzyklopädie ein. Grundsätzlich unterteilt er die historische Staatskunde und die philosophische Staatslehre. Die Staatskunde enthält die Statistik (Land, Leute, Geographie usw.) mit allen Daten, die das Wohl und Wehe des Staates beeinflussen. Sie wird auch unter dem Begriff der Staatsmerkwürdigkeiten gefasst. Ferner enthält die Staatskunde die Staatsgeschichte. Sie erzählt, wie ein Staat zu dem wurde, was er ist. Der zweite Hauptteil betrifft die philosophische Staatslehre, die zunächst eine Zwecklehre des Staates ist und Antwort gibt auf die Frage, warum sich freie Menschen einem Herrscher unterordnen. Schlözer denkt durchaus von einem kontrakttheoretischen und nicht überlagerungstheoretischen Modell aus. Die Berufung auf den freien Menschen weist auf die Einflüsse der Naturrechtstheorien und – entgegen unserer Vermutung – auf den Rutherfordschen individualistischen Pol hin. Aus dem Zweck des Staates ergibt sich die Staatsverwaltung, das Staatsrecht und die Verfassung (1970, S. 12–13), hinzu kommt die Lehre der Staatskunst. Höchster Zweck des Staates ist das Bürgerwohl, jeder Mensch solle selbst für sein Glück sorgen. „Aber, leider! er wird gestört, gehemmt. Er, ein onmächtiges Ding außer dem Stat, sucht also, fürs erste, nur Sicherheit und Schutz gegen Feinde, die ihm nie felen werden“ (1970, S. 17).

Man erkennt also zunächst das Motiv des funktionalen, minimalistisch-elementaren Hobbesschen Sicherheitsstaates. Schlözers Überlegungen sind bar jedes Sozialharmonismus oder Romantizismus. Bedroht sein kann die Person, das Vermögen, die Ehre oder die Religion durch Mitbürger (Rechtspflege), Ausbürger (Militäreinrichtungen), die gefährliche äußere Natur oder Landesplagen. Beim Fortgang der Kultur entdecken die Menschen auch positive Aufgaben des Staates, um die Gesellschaft reicher und die Menschen zahlreicher und aufgeklärter werden zu lassen. Sie fordern die Erfüllung positiver Aufgaben vom Herrscher, aus seiner Gnade wird eine Pflicht. Seine Aufgaben sind folgende: 1. Aufklärungspolitik durch Einwirken auf Ideen und Sitten; hervorgehoben wird auch die Bedeutung des Tugendhaften und der Religion; 2. Bevölkerungspolitik, einschließlich Förderung der Medizin; 3. Industriepolitik (Handel, Gewerbe- und Landbau). Nicht in Frage gestellt wird, dass die drei Erwerbsarten im wesentlichen als Privatgeschäfte der Bürger erfolgen sollen.

Die Ziele des Staates bedingen die (Hilfs)Wissenschaften, die die Mittel optimaler Zielerfüllung behandeln (die *media imperii*), nämlich die Beamtenlehre und die Finanzwissenschaft. Schließlich erwähnt er noch die auswärtige Politik. Der Sprachgebrauch der Abgrenzungen der Gebiete sei nach wie vor fließend, aber nicht so wichtig. Vollkommen ist ein Staat, der alle Erfordernisse miteinander abwägt („alle Räder der Stats-Maschine greifen [dann] in einander ein“, 1970, S. 27) und der die Freiheit des Bürgers nicht aus den Augen verliert. Die letzte Quelle des Wissens beziehe man nicht mehr aus Sprüchen der Bibel oder autoritärem Dekret, sondern „jetzo beweist man sie aus der Natur der Dinge, und aus der Geschichte“ (1970, S. 27).

Auffällig an Schlözers Aufriss ist angesichts der Rutherfordschen Dichotomien seine nicht eindeutig zuzuordnende Zwischenstellung, da er dem Individuum einen strategischen Platz in seiner Staatskonstitution zubilligt, aber auch der Staat holistisch die Gesamtentwicklung beeinflusst, wenn nicht steuert. Diese Steuerung wird aber nicht pathetisch, emotional, organizistisch oder romantisch (ein Volk und sein Staat) beschrieben, sondern eher kühl-pragmatisch und anhand der Metapher der

Mechanik erläutert. Die eigeninteressierte Rationalität ist für ihn legitim, aber auch die Tugend und die Religion („die schöne ChristusReligion, diese standhafte Verteidigerin des NaturRechts", 1970, S. 54–55) müssen vorhanden sein. Ohne Religion und Gottesglaube haben Normen für ihn kein bindendes letztes Fundament (1970, S. 182; der Anhang, S. 173ff., ist auch dieser Frage gewidmet). Normative Orientierungen sind nötig, aber auch die Vernunft als emergente Eigenschaft menschlicher Kulturentwicklung wird gewürdigt. Die Gewerbe entwickeln sich – in heutiger Terminologie – gemäß den Marktkräften, aber auch der Staat solle Industriepolitik betreiben. Man erkennt insgesamt eine ausgewogene Positionierung zwischen den Rutherfordschen Polen, die Schlözer mit einem großen Teil der kameralistischen und merkantilistischen Literatur teilt.

Im zweiten Hauptteil folgt Schlözersche Metapolitik. Sie beginnt mit einer Reflexion über den Urmenschen, den *homo solitarius.* Er lebte ohne Eigentum, Sprache und Vernunft, wie ein Tier. Seine etwas verklausulierte Argumentation lässt offen, ob es sich hier um ein Gedankenkonstrukt oder einen historischen Realzustand handelt (er argumentiert im Sinne einer Art *backward induction,* siehe 1970, S. 32). Auf jeden Fall bedient er sich einer typisch naturrechtlichen Argumentationsfigur, bei der der Mensch Urrechte an seiner Person und der äußeren Natur besitzt (1970, S. 35). Philosophisch-anthropologisch wird der Urmensch bestimmt durch Schmerzvermeidung, Luststreben und einen allgemeinen Tätigkeits- und Neugierdrang, der auch als Trieb zum Glück bezeichnet wird.

Er führt zum Menschsein und ist die Besonderheit in Schlözers Vorstellung des einsamen Naturmenschen. „Im Geful seiner Schwäche, wird er aus der Einöde in die Gesellschaft flüchten" (1970, S. 37). Gegen Hobbes und Rousseau teilt er Pufendorfs Meinung, dass die Menschen sich beim zufälligen Zusammentreffen freundlich gesellen werden. Den Widerspruch zwischen seinem *passionate self-interested man* und dem geselligen Menschen überbrückt er durch die Erklärung, „folglich wird er ihn [den anderen Menschen] d. i. sich selbst in seinem andern Ich, lieben; er wird sich bei dessen Schmerz und Lust interessiren" (1970, S. 38), was an A. Smiths Sympathiemotiv erinnert und von Schlözer tatsächlich als Grundsatz der Geselligkeit und Sympathie bezeichnet wird. Entscheidend ist hier nicht die Frage einer theoretisch geglückten Lösung Schlözers („Geselligkeit ist menschlicher Natur-Trieb", 1970, S. 52), sondern der Vermerk das Vorkommens einer nicht eindimensionalen homo duplex Vorstellung, d. h. des selbstinteressierten und auf Andere bezogenen (*taking the role of the other*), normorientierten Menschen (Etzioni 1988).

Mit starken Worten argumentiert Schlözer, dass hinsichtlich ihrer Elementarrechte alle Menschen, trotz aller Unterschiede im Detail (Größe, Hautfarbe usw.) gleich sind. Keiner hat das Recht, sich andere zum Werkzeug ihres Glücks zu machen. Es folgt auf die anthropologisch-naturrechtlichen Überlegungen eine Stadientheorie, die die üblichen Phasen der Jäger und Sammler, der Viehzucht, des Garten- und Ackerbaus enthält; die Übergänge beruhen auf Erfindungen. Es entsteht das bleibende Eigentum, auch als Reaktion auf die Sorge um die Zukunft und Vorratsbildung. Ob es ein Recht auf erste Besitznahme gibt, lässt er offen, denn Rechte hülfen sowieso nicht, wenn man sie nicht durchsetzen kann. Man muss also Verträge schließen oder der Stärkere sein. Beides führt zu Staat und Gesellschaft, auch weil das Entstehen des Eigentums bei anfänglicher Gleichverteilung durch das notwendige Übel des Erbrechts zu höherer Ungleichheit und dem Auftreten Besitzloser führe, die außer ihrer Arbeitskraft nichts besitzen (Tagelöhner, Leibeigene, Erbbauern). Bei Schlözer bleibt hier die Debatte zwischen Vertrags- und Überlagerungstheorie unentschieden, hervorzuheben ist seine starke These einer kumulierenden, sich verstärkenden Ungleichheit.

Die unterste oder elementarste Gemeinschaftsebene ist die häusliche, befördert durch den heftigen ‚Brunsttrieb'. Sehr progressiv bestimmt er das Verhältnis zwischen Mann und Frau als ein gleiches, die Mutter habe sogar ein besonderes Elternrecht. Hart geht er mit Ungleichheiten und deren Legitimation (Begründung der Negersklaverei, bestimmte Pachtverträge, usw.) ins Gericht. Rücken die Familien zusammen, so entsteht eine Gemeinde, eine bürgerliche Gesellschaft zum Zwecke des gegenseitigen Vorteils, zunächst ohne herrschaftliche Differenzierung bei sonstiger Unabhängigkeit. Schlözer vertritt hier eine einfache, auf Sympathie und Vorteil beruhende Vergemeinschaftungsthese. Die Folgen sind ein sicheres Leben, Verträge werden eingehalten, positive Gesetze und Tausch entwickeln sich, doch schließlich auch zunehmende Ungleichheit („Adel") dank Genie, Fleiß, Glück, usw. Neben den Vermögens-, tritt der Dienst-, der Priester- und der Kriegsadel. Am stärksten sei der verderbliche, aber unvermeidliche Geldadel (1970, S. 68–69).

Das Urteil anderer Menschen wird wichtiger („Ehre"), Vaterlandsliebe kommt auf und Kirchen werden gegründet. Durch intensivere Sozialkontakte, Eigentum und die Ausbildung menschlicher Schwächen (Einfalt, Bosheit, Eigennutz) nehmen Streitigkeiten zu. Es bedarf eines Vormunds als Schiedsinstanz, der bewaffnet werden muss, da es immer Widerstand Einiger gegen seine Entschlüsse geben wird. Er ist die letzte Instanz und heiße oberste Gewalt oder Souverän. So entstehen Untertanen, die ihren eigenen Willen aufopfern und auf Freiheit und Gleichheit verzichten. Diesen Vorgang hält Schlözer für nötig, aber er setzt den Preis hierfür hoch an. Als interessanter Aspekt sei noch seine Bestimmung der *salus publica* erwähnt, die an mehreren Stellen in Abgrenzung zu transindividuellen Zielen und dem vagen Vorteil der Mehreren bestimmt wird als

„Aggregat der Vorteile aller und jeder Individuen" (1970, S. 64 und 94). Schlözer kommt an vielen Stellen Überlegungen und Sichtweisen der Neuen Konstitutionsökonomik sehr nahe.

Im dritten Teil geht es um das Allgemeine Staatsrecht, dessen Geschichte anfänglich rekapituliert wird (1970, S. 81–93). Der Herrscher ist Depositär des Gemeinwillens, er ist Bürger, hat sich an die Gesetze zu halten und ist nicht von Gott eingesetzt. Es macht wenig Sinn, die stark zeitbedingten Vorstellungen Schlözers über die Rechte und Pflichten des Herrschers und der Untertanen im Einzelnen darzulegen (1970, S. 100–111). Auch seine Staatsverfassungslehre muss nicht im Detail erörtert werden. Es genügt der Hinweis, dass sich auch Schlözer hier an der alten Lehre der Regierungsformen (im wesentlichen Monarchie, Aristokratie, Demokratie) orientiert. Sein Grundsatz lautet: „Ein Herrscher, so war er Herrscher ist, muß Macht, fürchterlich große Macht haben. Aber – Herrscher sind Menschen, und bleiben es. – Ein Mensch, der Macht hat, misbraucht sie ... Folglich muß jede Macht ihre GegenMacht haben. Folglich ist jede reine RegirungsForm gefärlich" (1970, S. 115–116).

Schlözer hält eine starke Staatsmacht für unabdingbar, gleichzeitig weiß er aber auch um die Passionen der Machtausübung, was zu einem Dilemma führt. Schlözer teilt das Theorem der prinzipiellen Torheit der Massen (‚Pöbellaune'). „Der große Haufe, durchdrungen vom Gefül, daß er geleitet werden müsse, folgt wie am KappZaum [?] dem beredten Sprecher, der sich seiner zu bemächtigen weiß, und oft one Einsicht, oft ein verschmitzter, leidenschaftlicher, verkaufter *Demosthenes,* ist" (1970, S. 129). Schlözer vertritt hier die Ansicht des durch Schumpeter begründeten Ansatzes der *irrational choice theory* (Prisching 1995). Der Staat ist eine Maschine, allerdings kein Vollautomat, sondern er wird „immer von Menschen, leidenschaftlichen Wesen, getrieben" (1970, S. 157). Schlözer teilt auch die Auffassung, dass für ein Gelingen der Staatstätigkeit moralisch integere und vernünftige Menschen nötig sind („die besten Menschen", 1970, S. 157).

5. Johann Heinrich Jungs Lehrbuch der Staats-Polizey-Wissenschaft (1788)

Jungs ungefähr zur gleichen Zeit wie Schlözers Werk verfasster, über 600-seitiger, Beitrag ist Wilhelm dem IX. gewidmet, ‚in kindlicher Ehrfurcht und Liebe heilig', und allgemein den deutschen Regenten nicht als Richtschnur, sondern nur bescheiden als Fingerzeig zugeeignet. Jung, der viele Bücher veröffentlichte, war Autodidakt und Lehrer an der Kameral Hohen Schule in Lautern. Wahre Wohlfahrt ist für ihn die Vervollkommnung der Person, des Eigentums, der Ehre und der Freiheit. Jeder hat das Recht diese Vervollkommnung zu betreiben, sofern kein anderer eingeschränkt wird. „Jeder Mensch hat das Recht zu existiren, das Recht der Selbsterhaltung; mit diesem ist noch ein anderes verbunden, nemlich das Recht sich zu vervollkommnen: dieses leitet ihn zur physischen und moralischen Ausbildung seiner Person; zur Vermehrung und Verbesserung der Befriedigungsmittel seiner Bedürfnisse, das ist, seines Eigenthums; zur Erhöhung seines Ansehns oder seiner Ehre in der bürgerlichen Gesellschaft; und zum Genuß seines freyen ungehinderten Würkungskreyses, oder der Freyheit zu handeln" (1970/1788, S. 1–2).

Das etwas längere Zitat belegt deutliche Parallelen zu Schlözer. Hier sei nur auf die gemeinsame anthropologische Sichtweise verwiesen, da beide neben der elementaren Selbsterhaltung eine aktivistische Komponente ansetzen, im Falle Jungs die Tendenz bzw. das Recht zur Vervollkommnung. Die Aufgabe der Regierung sei es, den Staatskörper so einzurichten, dass „jeder Bürger, indem er zu seiner eigenen Wohlfahrth arbeitet, zugleich das allgemeine Beste nach allen Kräften befördere. Dies alles erreicht sie durch eine gute Polizey" (1970, S. 5). Die Übereinstimmung von Individual- und Allgemeininteresse ist für Jung nicht das selbstverständliche Ergebnis einer *invisible hand*, sondern ein herzustellender Zustand, eine aktive Ordnungsaufgabe für die Polizei. In Rutherfords Dichotomien gedacht hält er Design und Reform für nötig. Wie Schlözer definiert er aber das allgemeine Beste als Summe der einzelnen Besten; er vertritt hiermit also ebenfalls ein individualistisches Konzept. Die Polizeiwissenschaft ist in mehrere Abteilungen untergliedert (siehe die Übersicht in 1970, S. 16), die im Folgenden dargelegt wird.

Die erste Hauptklasse bildet die physische Personal-Polizei, mit den Unterklassen der medizinischen und der persönlichen Sicherheit, ferner gibt es auch die Bevölkerungspolizei. Im Unterschied zu Schlözer, der grundsätzliche Fragen diskutiert, ist Jung praktischer orientiert. Bei der Medizinalpolizei schlägt er zunächst Sanitätsanstalten für Neugeborene vor, Lärm solle unterbleiben, eine sittliche Unterweisung der Mütter erfolgen. Hebammenschulen sind einzurichten, Beleidigungen gegen Mütter doppelt zu ahnden usw. Für die Sanitätsanstalten der Erwachsenen werden weitere praktische Vorschläge unterbreitet. Beim Bau neuer Sanitärhäuser „muß die Polizey mitwürken: die Zimmer müssen hoch, und die Fenster gros seyn; auch soll der Fußboden wenigstens ein paar Schuh über die Erdoberfläche erhöht werden. Die Vorder- und Hinterthüren müssen gegeneinander über stehen, damit man durch Zugluft die stockenden Dünste vertreiben könne" (1970, S. 23). Die Säuberung der Gassen, das Schlachten in Privathäusern usw. wird diskutiert, auch müsse der Physikus die Küchen zuweilen visitieren und die Polizei gutes Wasser garantieren (Brunnenkontrollen). Zur Sicherstellung der persönlichen Sicherheit (Mord, Zweikämpfe, Vergiftungen) muss jeder anzeigen und beweisen können, womit er sich nährt, des Nachts sind Wachen aufzustellen, die die Häuser fleißig bewachen. Bei Mord gelte es, den Täter zu fangen und die Todesstrafe anzuwenden, usw. (vgl. hierzu die irreführenden Ausführungen bei Brückner 1977, S. 296). Radikale Vorschläge werden vorgetragen: das Trinken im Wirtshaus solle gänzlich verboten werden zugunsten des nicht zu übertreibenden Heimkonsums.

Die Bevölkerungspolizei hat die Aufgabe, das Anwachsen der Bevölkerung zu fördern, u. a. durch das Forcieren von Heiraten und Zuwanderung. In diesem Teil seiner Ausführungen findet sich eine interessante Grundaussage zum sozialen Ausgleich: es soll „so viel als möglich keine Rang- und Standesordnung aufkommen ...; und dies geschieht: wenn sie [die Polizei] immer die schwächere Classe unterstützt; wo die Kaufmannschaft blüht, da muß man die Landwirthschaft nach allen Kräften befördern" (1970, S. 76). Er lehnt aber vehement Maßnahmen ab, die dem Stärkeren seine bürgerliche Freiheit nehmen. Bei der Erziehung werden die Eltern und Schulmänner angesprochen, auch auf letztere komme es wesentlich an, um gute Lehrer zu gewinnen. Es verstehe sich eine gute Bezahlung. Der Schulunterricht soll kostenlos und der Lehrer ein edler, gefälliger, rechtschaffender, kenntnisreicher und menschenliebender Mann sein, der Gelehrsamkeit mit Weltkenntnis verbindet; wesentlich komme es hierbei auf den Charakter an (1970, S. 108). Bei der Aufklärungspolizei geht es auch um Erwachsene, denen Pflichten und Tugenden durch Religion und Wissenschaft ständig zu vergegenwärtigen sind. „Die Vernunft muß einen Faden haben, an dem sie sich durch den Labyrinth dieses Lebens hindurch hilft" (1970, S. 116).

Es folgt die Freiheitspolizei, welche auf die natürliche und bürgerliche Freiheit durch die Polizei der bürgerlichen Handlungen, der Gesetzgebung und der regierenden Gewalt einwirkt. Hierunter fällt der Schutz der Ehe, aber auch das Ausweisen von Seiltänzern und Künstlern sowie der Schutz des Gelehrten, in dessen Nähe kein lauter Kupferschmied ziehen darf (1970, S. 199). Die Gesetzgebung hat die natürliche in die bürgerliche Freiheit zu transformieren. Jung diskutiert auch allgemeinere Fragen, ein Widerstandsrecht lehnt er beispielsweise ab.

Das dritte Hauptstück ist die Ehrenpolizei, die zunächst für die Standesehre zuständig ist. Die Stände sollen geachtet werden und für den Fürsten gelte, dass die wahre Ehre seiner Handlungen nicht in Macht und Eroberung, sondern in der Beglückung seiner Untertanen bestehe (1970, S. 256). Bei der Besetzung der Ämter müsse auf die Verstandesfähigkeit und Rechtschaffenheit des Charakters des Bewerbers geachtet werden. Wie Schlözer betont Jung die Bedeutung persönlicher Integrität. Für die

Polizei der Volksehre gilt, dass jeder ehrliche Mann vom Beamten Ehrfurcht verdient (1970, S. 286). Das Prinzip der Ehrenpolizei besteht nach Jung in folgendem Grundsatz: man „belohne Verdienste nach ihrem wahren Werth, ohne Ansehen der Person, mache dann den Luxus lächerlich und verächtlich, wo man kan, und was man befehlen will, das befolge man selbst“ (1970, S. 296). Auch bei Jung taucht wie bei fast allen Kameralisten eine große Abneigung gegen Luxus und Ostentation auf und die wiederholte Forderung nach Rechtschaffenheit.

Die vierte Hauptklasse ist die Eigentumspolizei. Zunächst beschreibt er die Quellen der Unsicherheit des Eigentums. Eine Quelle ist die Unfähigkeit oder der Unwille der Besitzenden selbst; hier tritt für Jung ein Konflikt zwischen gutgemeinter Intervention der Polizei und den Freiheitsrechten der schlechten Haushalter auf, es gelte hier einen seligen Mittelweg zu finden. Gegen das Spielen um Geld muss allerdings ein strenges Gesetz erlassen werden (1970, S. 303). Zur Vermeidung von Wucher solle der Landesherr Geldkredite für geringen Zins ausleihen. Er schlägt zahlreiche Versicherungen vor, z. B. gegen unverschuldeten Bankrott und für die Angehörigen von Bankrotteuren. Die Unsicherheit kann aber auch durch die Mitbürger verursacht werden, z. B. durch Straßenraub. Strenge Strafen sollten die Sicherheit des Eigentums fördern und sicherstellen. Auch schlägt er für Diebe öffentliche Brandmarkungen vor. Generell hat die Polizei dafür zu sorgen, dass die Gewinnsucht Weniger nicht die Mehrzahl der Untertanen ausplündert, z. B. durch das Zurückhalten von Holz, Backwaren oder Fleisch. Die Polizei hat die Unschädlichkeit der Waren und die Waagen und Gewichte zu überprüfen und Marktbeherrschung durch Oligopole oder Monopole zu verhindern (1970, S. 328). Weitere Unsicherheit kann durch Unglücksfälle entstehen, z. B. durch Feuer- und Wassernot (1970, S. 360 ff.). Er empfiehlt ausreichendes Löschwasser und schlägt eine Brandschutzversicherung in allen Details vor (1970, S. 378). Zu den Unglücksfällen rechnet er auch die allgemeine Teuerung und die Armut. Für Basisgüter schlägt er die Einrichtung von *buffer stocks* (Magazine) vor, um die Preise auszugleichen. Steigen oder sinken die Preise um einen durchschnittlichen Mittelpreis, so interveniert das Magazin, das nach seinem Vorschlag durch diese Methode auch noch Gewinn machen kann (1970, S. 392–393). Eine andere Ursache der Teuerungen sind die Viehseuchen, zu deren Abhilfe er zahlreiche Vorschläge vorträgt. Für die arbeitsfähigen Armen schlägt er Arbeitsbeschaffungsmaßnahmen vor. Ausländische Landstreicher sind auszuweisen und Armen- und Findelhäuser zu gründen.

Auch im Bereich der Landwirtschaftspolizei unterbreitet Jung zahlreiche Vorschläge, so die Zusammenlegung von Grundstücken (Flurbereinigung) aus Praktikabilitätsgründen (1970, S. 452). Bei der Fabrikpolizei vertritt Jung typisch merkantilistische Forderungen (1970, S. 482). Die Waren sollen wohlfeil, gut, schön und mannigfaltig sein. Uneinsichtige Unternehmer verschlechtern aber die Qualität und fordern zu hohe Preise, so dass die Polizei sehr aufpassen muss, um die Vollkommenheit der Fabriken und ihrer Produkte zu erreichen. Eine Maßnahme ist die volle Gewinn- und Gewerbefreiheit, eine andere die Unterstützung des jeweils Schwächeren. Gegen öffentliche Unternehmen spreche die mangelnde Effizienz. Bei den Zünften komme es auf die Ausgestaltung der Regeln an. Jung ist für den Einsatz moderner Maschinen, da zwar eine kurzfristige Arbeitsfreisetzung erfolgen kann, aber die Verbilligung der Waren ihren Absatz erhöhe und neue Beschäftigung schaffe. Die Fabrikpolizei soll gute Transportwege anlegen (lassen), um die Transportkosten zu senken. Inländische Mauten sind zu reduzieren oder abzuschaffen.

Jung sieht das Problem der Geldanlage in zinsträchtige Wertpapiere, was die Investitionsbereitschaft in Realkapital vermindern oder sogar verhindern kann (1970, S. 519). Daher solle der Landesherr den Leihzins durch eigene Geldausleihe senken. Die Polizei hat auch daraufhin zu wirken, dass langlebige Güter und nicht Wegwerfprodukte hergestellt werden. An einer sehr interessanten Stelle wendet sich Jung gegen die Einseitigkeit der Anschauungen, z. B. das einzig die vollständige unregulierte Gewerbefreiheit das wahre Mittel zur Staatsglückseligkeit sei, für ihn ein genauso verkehrter wie der umgekehrte Schluss (1970, S. 522). Der letzte Teil gilt der Handlungspolizei. Hierzu gehört die angemessene Einrichtung von Märkten, die Eindämmung der Spekulation, die optimale Entfernung der Marktplätze voneinander und die Beschleunigung des Geldumsatzes als wachstumsförderlich. Auch wird eingehend der Einzug der Regalien und die Gewährleistung eines Währungsstandards diskutiert. Der Staat solle bei einer Zettelbank die Ökonomie nicht mit Papiergeld überschwemmen.

In dieser Darstellung konnte nur ein geringer Teil der Jungschen Überlegungen angesprochen werden. Es fällt aber ein schon erwähnter Unterschied zu Schlözer auf, so dass man zwei Typen in der Literatur der Staatswissenschaft erkennen kann: eine pragmatische und eine programmatische Richtung. Beiden gemeinsam ist die Suche eines Mittelweges zwischen der Gewährung bürgerlicher Freiheitsrechte und voller Gewerbefreiheit einerseits und von staatlicher Wirtschaftspolitik, Regulierung und einer staatlich garantierten Ordnung andererseits. Verglichen mit späteren Ansätzen erstaunt an einigen Stellen die Dichte und Tiefe der Jungschen Interventionsvorschläge. Im nächsten Abschnitt sollen Schriften von Mohl untersucht werden, der neben Stein zu den Hauptvertretern in der Hoch- und bereits Spätphase der eigentlichen Literatur der Staatswissenschaft zu zählen ist.

Die Vorlesungen mit staatswissenschaftlichem Inhalt, die als Indiz der hier betrachteten Entwicklungsphasen der Staatswissenschaft gelten mögen, entwickelten sich folgendermaßen (Jahr: Anzahl): 1820–1825: 1468; 1825–1830: 1591; 1830–1835: 1634; 1835–1840: 1403 (Lindenfeld 1997, S. 91). Die Anzahl der Vorlesungen stieg also kontinuierlich, um ab 1830, also vor der nunmehr zu beleuchtenden Hochphase der Staatswissenschaft, bereits wieder deutlich abzusinken.

6. Mohl und die Ausdifferenzierung der Gesellschafts- und Staatswissenschaft (1851)

Mohls erstmals in der *Zeitschrift für die gesammte Staatswissenschaft* 1851 abgedruckte kleine Abhandlung geht von dem Tatbestand aus, dass sich seit der griechischen Antike über den Staat „eine große und störende Verschiedenheit der Ansichten“ (1992/1851, S. 39), „ein wahrer Urwald von Meinungen“ entwickelt habe, die aber weitgehend die Vorstellung eine, dass „selbst die zuweilen sich zeigenden Spuren dieses nicht unmittelbar staatlichen Gesamtlebens immer sogleich in den Begriff und Kreis der Staatsanstalten und Staatsgrundsätze gezogen“ worden seien (1992, S. 14–15). Am Beispiels Jungs zeigte sich bereits: „Der *Staat* war der einzige Gegenstand derselben [Analysen], sein Begriff im Mittelpunkt“ (1992, S. 22). Mohl beschreibt die Entwicklung der Staatszwecklehre und das enzyklopädische Zusammentragen von Wissen über den Staat. Sein Vorwurf lautet, dass „die Gesellschaft“ als distinkter Theorietopos in den Untersuchungen nicht in den Blick genommen wurde. Kant, Montesquieu und Rousseau machen sich dieser Schwäche schuldig, selbst bei Hegel besitze die bürgerliche Gesellschaft kein wirkliches eigenes Leben jenseits des Staates.

Bei den Sozialisten, den Kommunisten und bei L. Stein scheine die Gesellschaft nur als Eigentumssystem und ökonomische Sphäre auf. „Daran dachte niemand, daß zwischen diesen beiden und wohl unterschieden von ihnen noch ein ganzes weites Gebiet lag, welches ebenfalls seine Gesetze hatte, somit eine Erforschung und Ordnung derselben verlangte ... alle die verschiedenen Organismen und Lebenskreise, in welche die Menschen nicht durch den Staat und seine Befehle, sondern durch die Übereinstimmung ihrer unmittelbaren Bedürfnisse, durch einzelne aber hinreichend mächtige Interessen zusammentreten“ (1992, S. 24).

Diesen Missstand gelte es durch eine „wahre Gesellschaftswissenschaft“ (1992, S. 42) zu überwinden. Zunächst lasse sich eine Vielzahl von in Raum und Zeit handelnden Personen und ihren Verhältnissen zueinander beobachten: Mann und Weib, Ehegatten und Unverheiratete,

Reich und Arm, usw., die sich in eine Anzahl von Basisbereiche aufteilen lassen, da sie sich „zu einer mit einem Gesamtwillen, einer Gesamtkraft versehenen und gemeinsame Zwecke verfolgenden Einheit verbinden" (1992, S. 48). Als solche Basisbereiche werden aufgeführt: die Stände (Adel, Geistlichkeit, Bürger, Bauern), das Gemeindeleben, Rassen, Arbeits- und Besitzverhältnisse, die Religion, usw. In den genannten Bereichen treten Gemeinsamkeiten der Lebensweise, der Interessen, der Leidenschaften, gleiche Verhaltensweisen und gleiche moralische Vorstellungen auf (1992, S. 61), so dass Mohl von gesellschaftlichen Interessengenossenschaften dauerhafter Art und allgemeinerer Verbreitung (und nicht zwangsläufig formal organisierter Art) spricht.

Ein Gegenbeispiel wäre die Eigenschaft „Mieter", deren Gemeinsamkeiten nicht zu dauerhaften Vereinigungen im von Mohl gemeinten Sinne führen. Natürlich kann es auch überlappende Mitgliedschaften geben. Mohl betont, dass seine Interessengenossenschaften unabhängig vom Staat sind, und lediglich „aus den natürlichen Beziehungen der Menschen zu gewissen Tatsachen entstehen und bestehen" (1992, S. 71). Selbst anfängliche reine Interessenvereinigungen haben auf Dauer vergemeinschaftende Wirkung, denn „je größer das Interesse ist, je tiefer und weiter es das ganze Leben der Beteiligten umfasst, desto fester und bewusster auch das Gefühl der Gemeinsamkeit und desto schärfer [tritt] die Abscheidung von den Ungenossen hervor" (1992, S. 63). Man hat es also mit einem eigentümlichen menschlichen Verhältnis zu tun, dass weder mit den Persönlichkeitszuständen, noch mit der staatlichen Einheit identisch ist. Gesellschaft ist für Mohl der Inbegriff dieser gesellschaftlichen Gestaltungen (1992, S. 73).

Zwei Konsequenzen ergeben sich aus der Bestimmung einer eigenständigen Gesellschaftswissenschaft in Reaktion auf die reale soziale Ausdifferenzierung. „Namentlich werden dann einerseits dem Staate keine Aufgaben mehr gestellt, denen er ganz fremd und deren Lösung er nicht gewachsen ist" (1992, S. 78). Zum zweiten führen seine Überlegungen zu einer neuen systematischen Ordnung und Abgrenzung der Staats- und Gesellschaftswissenschaften. Mohls Klassifizierung der allgemeinen, dogmatischen und geschichtlichen Gesellschaftswissenschaft soll hier nicht näher beleuchtet werden, nur die Konsequenzen für die Staatswissenschaft seien angesprochen. Die grundsätzliche Forderung Mohls besteht darin, dass nicht wenige Gebiete der Staatswissenschaft an die Gesellschaftswissenschaften abzutreten sind, z. B. das Gesellschaftsrecht (1992, S. 83ff.).

Es zeigt sich hier der interessante Tatbestand, dass der Weg in die spezialisierten Sozialwissenschaften, insbesondere die Soziologie, die Erkenntnis der Ausdifferenzierung der Wertsphären (M. Weber), die allgemeine

Isolierung der Disziplinen, die Forderung nach der Beschränkung der Aufgaben und Wirkungsmächtigkeit des Staates sowie die Eingrenzung des Themen- und Fächerspektrums der Staatswissenschaft aus dem Zentrum der Vertreter der Staatswissenschaft selbst erfolgte. Von den Rutherfordschen Dichotomien aus gesehen, kommt Mohl eine aufschlussreiche Mittelstellung zu: er betont einerseits die Bedeutung von Interessen und die Autonomie der Persönlichkeit, andererseits führen die Interessenvereinigungen aber auch zu genossenschaftlich-solidarischen Banden. Einerseits differenziert sich die Gesellschaft weiterhin, andererseits bedarf es dennoch des sittlich integrierten, übergeordneten Staates. Einerseits folgen die Individuen selbstinteressierter Rationalität, anderseits orientieren sie sich an den Gruppennormen der Verbände. Spontane Evolutions- und Markteffizienzthesen spielen keine Rolle bei Mohl, aber auch von Design und Reform ist in seiner Schrift wenig zu lesen, vielmehr soll der Staat hinsichtlich wesentlicher Aufgaben entlastet werden. Welten trennen die Vorstellungen Mohls und Jungs.

Im Bereich der Literatur der Staatswissenschaft ist Mohls Differenzierungstheorem nicht unwidersprochen geblieben. Wie angemerkt, kritisierte Treitschke (1927/1858) Mohls Trennungsthese und versuchte detailliert aufzuweisen, dass die Mohlschen Verbände einen dem Staat analogen Entwicklungsweg gehen und der Staat als einheitlich geordnete bürgerliche Gesellschaft zu fassen sei. „(D)ie Staatswissenschaft ist unfähig eine Anzahl ihrer bedeutendsten Probleme zu lösen, wenn sie den Staat nicht als die einheitlich geordnete Gesellschaft, als das zu einer Gesamtmacht zusammengefaßte Volksleben ansieht ... sie [wird] einer edleren Auffassung des Staates im antiken Geiste den Weg bahnen" (1927, S. 79–80). Ganz im Unterschied zu Mohl solle demnach die Staatswissenschaft das gesamte Volksleben und alle seine sozialen Erscheinungen erhellen (1927, S. 87). Von der Herausbildung eines einheitlichen Selbstverständnisses der Staatswissenschaft und dem Entstehen eines verbindlichen Kanons kann demnach selbst Mitte des 19. Jahrhunderts keine Rede sein.

Eigenartig blass wirken Mohls größere Schriften, die insbesondere als Fleißarbeiten hervorstechen. In seiner „Encyklopädie der Staatswissenschaften" (1859) wird der Mensch zuerst als sinnlich-vernünftiges und als mit anderen Menschen zusammenlebendes Wesen bestimmt. Es folgt die Beschreibung der Einbettung in die verschiedensten Lebenskreise (Familie, Stamm, usw.). Es fehlt der Mohlschen Darlegung der anthropologisch-philosophische Tiefgang einiger bisher erörterter Autoren. Der Mensch hat Interessen, Vernunft, Bindungsbedürfnisse und er partizipiert in pluralen Interessengenossenschaften. Nicht der Staat konstituiert die Möglichkeit der Bedingungen von gesellschaftlichem Leben. Er ist für

Mohl zwar eine wichtige, aber nicht prinzipiell eine besondere und hervorgehobene Institution, sondern vielmehr ein weiterer Rahmen setzender Lebenskreis neben anderen. „(I)nnerhalb ... des Menschengeschlechtes [muß] ein einheitlicher und kräftig ausgestatteter Organismus bestehen, welcher die einzelnen Persönlichkeiten, die Familien, die Stämme und die gesellschaftlichen Kreise dieses Volkes zusammenfaßt. *Dieser Organismus aber ist der Staat.* Auch er also ist lediglich ein Mittel zur Erreichung menschlicher Zwecke, somit von den übrigen Lebenskreisen wohl nach Umfang, Ordnung, Macht und sachlicher Aufgabe verschieden, nicht aber in seinem letzten Zwecke" (1859, S. 32).

Mohl verabschiedet sich auch von naturrechtlichen Überlegungen, die, wie wir sahen, im Bereich der Staatswissenschaft, z. B. bei Schlözer, sehr stark hervortraten. Angesichts seines Sozialtheorems hält er Naturrechtstheorien für völlig unrealistisch. „Ein Natur[zu]stand ... ist eine Unmöglichkeit, besteht nie und nirgends; und es war daher auch ein vollkommen falscher und irreleitender Ausgangspunkt, wenn frühere Staatslehrer (Hobbes, Rousseau, Kant) einen solchen ihren Theorieen von dem Wesen und der Entstehung des Staates zu Grunde legten. Bleibende Verbindungen sind dem Menschen unbedingt nothwendig, auch auf den untersten Stufen der Gesittigung und bei den einfachsten Lebenszwecken" (1859, S. 11).

Schließlich sei noch darauf hingewiesen, dass Mohl – von heutiger Warte aus betrachtet – ein recht konventionelles Bild der Wirtschaftswissenschaften vertrat, die er weitestgehend aus der Staatswissenschaft auszugliedern gedachte. „Die Bezeichnung ‚Nationalökonomie', ‚Staatswirthschaftslehre', ... darf nicht zur Aufnahme der Wirtschaftslehre unter die Zahl der Staatswissenschaften verführen. Wenn, selbstredend, eine Staatswissenschaft nur eine solche Lehre ist, welche sich mit dem Staate beschäftigt: so ist einleuchtend, daß die Nationalökonomie ... nur zu ihrem geringeren Theile diesem Kreise angehört. Die sämmtlichen allgemeinen Lehren derselben, also über Gut, Werth, Preis, Kapital, Arbeitskräfte und Arbeitstheilung, Erzeugung und Verzehrung der Güter ... haben mit dem Staate gar nichts besonderes zu thun, und gelten für jeden menschlichen Lebenskreis, von dem der einzelnen Persönlichkeit an aufwärts" (1859, S. 55). Als Ausnahmen nennt er die ökonomische Politik und die Finanzwissenschaft auf.

Mohls „Die Geschichte und Literatur der Staatswissenschaften" (1960/1855, 1856 und 1858) fällt auf durch ihre thematische Breite, die bereits in seiner Aussage zum Tragen kommt, es gehe um „Werke, in welchen das staatliche Leben der Menschen wissenschaftlicher Behandlung unterzogen ist" und die Staatswissenschaft definiert wird als die „Wissenschaft von den allgemeinen Grundlagen und Begriffen des staatlichen

Lebens" (1960, 1, S. 717 und 708). So finden sich in Mohls Werk auch die Staatsromane, die Geschichte des philosophischen Staatsrechts, die Literatur des Völkerrechts, das Staatsrecht der USA und der Schweiz im besonderen, usw. Das einigende Band besteht für ihn in der Erkenntnis, dass der Mensch „weder leiblich bestehen und sein Dasein erhalten [kann], noch geistig irgend wie sich entwickeln und ausserhalb des einheitlichen Organismus, dessen Wesen die Förderung gemeinschaftlicher Zwecke ist, d. h. ausserhalb des Staates" existenzfähig ist (1960, 1, S. 4).

Mohl lehnt eine Art Popperianischen Fortschritt der Staatswissenschaft ab, statt dessen vertritt er einen historischen Relativismus. Die wünschenswerte und rechtlich begründete Beschaffenheit des Staates sei nicht nach apriorischen Gedanken feststellbar, „sondern sie wird vielmehr von der jeweiligen geistigen, wirthschaftlichen und geschichtlichen Beschaffenheit des betreffenden Volkes vorgeschrieben. Die Wissenschaft vom Staate muss also allen begründeten Forderungen gerecht werden, welche das verschiedene, veränderliche und sich ausdehnende Leben stellt" (1960, 1, S. 5). In Mohls Darlegung steht vieles disparat nebeneinander, ohne dass ein roter Faden der Entwicklung oder ein sich konsolidierender Korpus der neuen Leitwissenschaft „Staatswissenschaft" erkennbar würde. Dies wurde Mohl als kompositorische Schwäche ausgelegt, es gibt aber seine ausdrückliche Sicht des Sachverhaltes wieder. „Jeder Hauptauffassung des menschlichen Daseins auf der Erde entspricht eine eigene Staatsgattung; diese aber hat ihre [je eigene] Theorie" (ebenda). Es gebe daher keine Geschichte des Fortschreitens der Staatswissenschaft. Als Beispiel solcher paradigmatischer Umbrüche führt er die Durchsetzung eines neuen religiösen Glaubens an, der der bisherigen theoretischen staatswissenschaftlichen Grundlegung den Boden entzieht und eine völlig neue Begründung von der Zweckmäßigkeit der Staatsformen erfordert.

Er entwirft eine interessante Faktorentheorie der geistig-wissenschaftlichen Entwicklung mit wissenschaftsinternen (neues Wissen) und -externen Faktoren (Kriege, neue Glaubenssystem, usw.), ergänzt durch den Beleg der Herausbildung nationaler Varianten der Staatswissenschaft (1960, 1, S. 8–53). Sie lohnt auch deshalb der Lektüre, weil Mohl alle bedeutenden Werke und Autoren des deutschsprachigen Raums Revue passieren lässt. Auf die Frage dieses Beitrages, nämlich der inhaltlichen präzisen Formulierung des Konzepts der Staatswissenschaft, gibt Mohl die indirekte Antwort: das Konzept gibt es gar nicht und kann es auch gar nicht geben, sondern zwangsläufig sehr unterschiedliche, wechselnde Ansätze, die abhängig von der Trias Zeit, Raum und Geist sind.

So ernüchternd diese Aussage für die hier verfolgte Fragestellung ist, so sehr beeindruckt Mohl doch in seiner expositorischen Darlegung; die

Autoren und ihre Werke, von der griechischen Antike bis zu seiner Zeit, werden hinsichtlich der Konzepte der Staatswissenschaft in ihrer Abhängigkeit von geschichtlichen und sozialen Faktoren und v. a. von den vorherrschenden Denkstilen her bis zu den nationalspezifischen Tönungen präsentiert (siehe auch Backhaus 1994). Mohl versucht nicht, die diversen zentralen Annahmen in ein bestimmtes System oder eine Entwicklungslogik zu zwängen.

Für Ökonomen ist Mohls Diskussion des Smithschen Werkes besonders aufschlussreich. Dieser habe die Einseitigkeiten der Merkantilisten und Physiokraten überwunden und eine umfassende Theorie vorgelegt, deren wesentliche Sätze wohl niemals mehr umzugestalten seien (1960, 3, S. 299 und 303). Mohl führt nun eine wissenstheoretisch kaum haltbare und seine bisherigen Aussagen in Frage stellende Unterscheidung zwischen relativer und absoluter Wahrheit ein. „Eine Lehre, welche alle Waaren reichlich und billig liefert, die Mittel zu reisen bequem und wenig kostspielig macht ... eine solche Lehre stimmt mit der Lebensansicht der Gegenwart und mit den daraus hervorgehenden Forderungen und Wünschen trefflich überein, hat folglich re[l]ative [sic] Wahrheit" (1960, 3, S. 302). Dies widerlege aber nicht die gleichzeitig geltende absolute Wahrheit der Aussagen. Es ist schwierig zu verstehen, was Mohl hier meint, insbesondere eingedenk seines primär wissenssoziologischen Relativismus. Mohl spricht trotz des absoluten Wahrheitsanspruchs einen doppelten ‚Tadel' gegen Smith aus: seine Lehre zersetze atomistisch die bürgerliche Gesellschaft und sie sei unmenschlich, da der Mensch kein gefühlloses totes Werkzeug sei, sondern ausgestattet mit Empfindungen von Schmerz und Lust, Hoffnung und Verzweiflung (1960, 3, S. 303–304).

Mohl stellt sich nicht die Frage, ob alle von ihm genannten Eigenschaften in einer Marktökonomie für die handelnden Akteure von Belang sind und inwiefern seine eigene Bestimmung nicht auch eine relative ist, die sich der Teilperspektive des Gesellschaftswissenschaftlers verdankt. Sein Zentralvorwurf gegen die liberale Ökonomie lautet, „die vollkommenste Freiheit des internationalen Verkehres als ihr höchstes Ideal auf[ge]stellt und die Beibehaltung irgend einer Sorgfalt des Staates für seine Unterthanen für Barbarei erklärt" zu haben (1960, 3, S. 306). Mohl geht nun zur Kritik an der Vernachlässigung der sozialen Frage über. Die Nationalökonomie im Sinne Smiths habe mit zu den Missständen beigetragen und nun seien wesentliche Strukturen in Ökonomie und Gesellschaft umzubauen, um den Missständen zu begegnen, vorher komme der Smithschen Nationalökonomie keine unbedingte Wahrheit zu (1960, 3, S. 307). Eigentlich müsste es heißen: relative unbedingte Wahrheit, da auch das erweiterte Smithsche System nach seinen vorherigen Aussagen prinzipiell nur für bestimmte Wirtschaftssstufen oder -systeme gelten kann. Eine andere Frage an die Mohlsche Logik lautet, ob es für ein Wirtschaftssystem jeweils nur eine richtige Theorie geben kann, besteht doch zumeist Hader z. B. zwischen Wirtschaftsliberalen und Staatsinterventionisten, die beide intelligible Argumente vorbringen und die Rede von einer absoluten Wahrheit eigentlich verbieten. Mohl zeigt selbst in seinem enzyklopädischen Überblick sehr nachdrücklich, wie viele nicht liberale Vorschläge es alleine zur Lösung der sozialen Frage zu seiner Zeit gab.

Im Schlusswort bekräftigt er die Notwendigkeit der Arbeitsteilung, die Zeiten der Universalgelehrten sei endgültig vorbei (1960, 3, S. 719),was auch zur Ausdifferenzierung der Perspektiven führe. Ferner hebt er die Verschiedenheit in der Behandlung des wissenschaftlichen Stoffes hervor, insbesondere das Auf und Ab der Methoden des geschichtlichen Begreifens des Staatslebens im Gegensatz zur ‚philosophische[n] Ausdenkung' (1960, 3, S. 720). Des weiteren bestehen in der Literatur der Staatswissenschaft Unterschiede in der Betonung der bürgerlichen Freiheit und des Wohls der Gesamtheit bzw. der Dominanz der herrschenden Gewalt und des Schutzes vor ihr, kurz dem Gegensatz von Freiheit versus Ordnung (1960, 3, S. 722), zwischen denen es seiner Meinung nach eine Balance zu finden gelte. Am Schluss schlägt Mohl einen, zu den vorherigen Überlegungen nicht ganz konsistenten, versöhnlich-fortschrittsfreundlichen Ton an: die Staatswissenschaft habe dem wirklichen Leben großen Gewinn gebracht, was sich an zunehmender Rechtssicherheit, einem geregelten Staatshaushalt, mäßigen Zöllen, usw. ablesen lasse.

7. Steins System der Staatswissenschaft (1852 und 1856)

Stein bietet das letzte große Werk einer systematischen Fundierung einer ausgesprochen breit angelegten Staatswissenschaft (zu Steins Steuerlehre siehe Grossekettler 1998). In Vorwort wird der Anspruch formuliert, ein realisierbares System auf nationaler Grundlage und mit kosmopolitischer Abklärung zur Überwindung der Zersplitterung unserer Kenntnisse vorzulegen. Sein auch als Handbuch für Vorlesungen gedachter Entwurf soll auf der absoluten Grundordnung des wirklichen Lebens ruhen, die er auf den ersten Seiten skizziert. Stein wählt einen individualistischen Anschnitt durch sein Eruieren des Wesens des Persönlichen. Seine Ausgangsüberlegungen sind rein philosophische, die man als lebensphilosophisch-existenzialistische Dialektik umschreiben kann. Leben umfasst alles, „was als Bewegung des Werdens aus dem Gegensatz und der Bestimmung des Natürlichen und Persönlichen erzeugt wird" (1964/1852/

1856, 1, S. 3). Das Prinzip des Lebens begründet auch die Wissenschaftslehre der Staatswissenschaft.

‚Das Natürliche' sind die äußeren materiellen Gegebenheiten außer uns, die keine Bestimmungen außer ihrem endlichen Sosein in sich tragen. Sie werden von den Naturwissenschaften untersucht. Demgegenüber hat ‚das Persönliche' aber seine Bestimmung außer sich, da es stets seine Begrenztheit durch Handeln zu überwinden trachtet. Diese unendliche Bewegung ist seine eigentliche Bestimmung. Das wirkliche Leben besteht in „Taten" zur Überwindung der persönlichen Begrenztheit im Angesicht der räumlichen, zeitlichen und sachlichen Grenzen durch das Natürliche. In schöner Hegelscher Begriffsdialektik ist daher „das Endliche nur ein Moment des Unendlichen" (1964, 1, S. 10). Sartre vorausgreifend wird das Persönliche seinem Begriff nach als unendlich bestimmt, da es ohne Selbstentwurf inhaltslos sei. Das Natürliche ist entwicklungslos. Das realistische Element Steins besteht in seiner Hervorhebung, dass der Selbstentwurf der Persönlichkeit auf die Grenzen des Natürlichen stößt und dass nur die Vermittlung und das Sich-arrangieren des unendlichen Bewegungsstrebens mit der es eingrenzenden endlichen Materie das „Gesetz[e] des Lebens" umschreibt (1964, 1, S. 16).

Aus seiner – im Vergleich zu allen bisher diskutierten Autoren recht unterschiedlichen – Philosophie leitet er direkt die Einteilung der Staatswissenschaft ab: die Lehre der ‚begrenzenden Tatsachen' im Sozialen als ‚natürliche soziale Tatsachen' ist Gegenstand der Statistik, ergänzt durch die Bevölkerungslehre als Ausdruck des Persönlichen als rein gegenständliches Dasein. Die wirkliche Staatswissenschaft besteht aus der Volkswirtschaftslehre (Lehre vom Güterwesen), der Lehre von der Gesellschaft und der eigentlichen Staatswissenschaft, der Lehre vom Staat (Begriff, Verfassung, Verwaltung). Es deutet sich hier bereits Steins Entwurf einer sehr breit angelegten Konzeption der Staatswissenschaft an. Sein Ansatz ist wenig pragmatisch begründet, er zielt auf eine soziale Universalwissenschaft auf dem Fundament einer persönlichkeitsorientierten Lebensphilosophie als erster Wissenschaft, in der z. B. das Mohlsche Sozialtheorem überhaupt keine Rolle spielt. Ein gewisser Bezug zu vorher besprochenen Konzeptionen besteht allerdings darin, dass auch Steins Menschenbild eine stark voluntaristisch-aktive Komponente auszeichnet.

Seine etwa 100-seitigen Ausführungen zur Statistik und Bevölkerungslehre, in der er elementare Konzepte wie das der Sterbeordnung, der Fertilität usw., aber auch ein Bevölkerungsgesetz vorstellt, atmen den Geist Hegels und das schon bei Mohl feststellbare neue Methodenbewusstsein, das auch Stein zwischen Realismus und Konstruktivismus schwanken lässt. Er geht vom wahrnehmenden Geist aus, der zunächst nur Tatsachen beobachtet, dann aber Zusammenhänge erkennt, alles in geordneter

Bewegung sieht, darauf aufbauend Gesetze formuliert und sich die Realität auch über Mittelwerte und die Wahrscheinlichkeitsrechnung entschlüsseln lässt. Bei Stein stellt sich zum ersten Mal die Frage der Rutherfordschen ersten Dichotomie, da alle bisherigen Beiträge offenkundig nicht-formalistisch angelegt waren. Auffällig ist seine Position zwischen den Dichotomien: er hält statistische Analysen für wichtig, bettet diese aber in seine allgemeine Philosophie ein und stellt kein striktes Verifikations- oder Falsifikationskriterium auf. Auch verfällt er nicht dem Diktum eines statistischen Empirismus, da er ganz im Sinne des transzendenten Realismus (Lawson 2000) auch den Erscheinungen unterliegende fundamentale Gesetzmäßigkeiten annimmt.

Im besonderen Teil kommt er nun auf 400 Seiten auf die Volkswirtschaftslehre zu sprechen. Die Anordnung der drei Schwerpunkte ist bereits interessant: Stein beginnt nicht mit dem Staat, sondern mit der Ökonomie. Seine Ausführungen bergen nur sehr begrenzt Überraschungen. Die Güterlehre unterscheidet Stoffe, Arbeit, Arbeitskraft, Arbeitsteilung und Gütererzeugung, Bedürfnisse und Verbrauch. Der zweite Abschnitt behandelt den Wert, definiert als das „der Persönlichkeit gehörigen Dingen *gegebene Maß der Fähigkeit,* die menschliche Bestimmung zu erfüllen" (1964, 1, S. 168), d. h. er vertritt Rudimente einer subjektivistischen Wertlehre.

Der Tauschwert wird eingeführt und das Geld und die Geldarten von einer metallistischen Position aus und unter Einschluss der Quantitätstheorie thematisiert. Ferner wird eine Preislehre offeriert, bei der ‚wirkliche Wert' von Angebot und Nachfrage bestimmt wird. Es folgen die Güterlehre, der Gewerbefleiß, der Handel, die Konjunktur und die Handelskrisen. Stein behandelt eine breite Palette von Themen, oft mit Einsprengseln seiner philosophischen Begrifflichkeit, ohne dass hierbei ökonomisch besonders interessante Inhalte und Aussagen hervortreten. Im zweiten Teil gibt er eine eigene Bestimmung der Volkswirtschaftlehre. Sie beginne dort, „wo die einzelne Persönlichkeit als Individualität und das Gut als *Eigenthum derselben* auftritt" (1964, 1, S. 275). Wirtschaft wird bestimmt als das Güterleben, welches auf diese Weise durch Individualität und Eigentum entsteht. Es zeigt sich hier wieder Steins Besonderheit der Betonung der Eigentums- und Besitzverhältnisse. Er beschreibt die Eigenwirtschaft, den Vermögensbegriff, das Unternehmen, Einnahmen und Ausgaben usw.

Im dritten Abschnitt kommt er auf den Gegensatz der Wirtschaften und Interessen zu sprechen. Ausbeutung kann in einer freien Wirtschaft vorkommen, da unterschiedliche Grade der Fähigkeit, Güter und Dienstleistungen zurück zu halten, bestehen (1964, 1, S. 343). Verschiedene Formen der Ausbeutung werden geschildert und begründet, warum das große das kleine Kapital ausbeuten kann, indem es nämlich oft die Vertragsbedingungen diktiert (1964, 1, S. 374). Er kommt im Anschluss auf Erwerbsgemeinschaften, Versicherungen, Aktiengesellschaften und Arbeiterassoziationen zu sprechen.

Ebenfalls im dritten Abschnitt wird das Volksvermögen, die Handelsbilanz und abschließend Schutzzölle diskutiert und ein Entwicklungsstadienmodell eingeführt. Insgesamt ist Steins Ökonomie ein gediegener Überblick des Wissens seiner Zeit. Er geht allerdings den damaligen theoretischen Diskussionen (z. B. im Bereich der Werttheorie) aus dem Weg und bezieht keine eigene klare Stellung. Das Spezifische seines Beitrages liegt in der Hervorhebung der Eigentumsverhältnisse, des Besitzes, der Verteilung, der sozialen Frage und der Arbeiterassoziationen.

Der dritte Hauptteil stellt die 430 Seiten starke Gesellschaftslehre vor. Die noch unfertige Wissenschaft von der Gesellschaft verdanke ihre Entdeckung der ihr innewohnenden Störungen. Das Individuum kann nicht alleine leben, es bedarf der gemeinschaftlichen Ergänzung. Die Gesellschaft beruht zuerst auf dem Individuum und sie ist darauf berechnet, die Entwicklung des Individuums und seiner Interessen zu fördern, wodurch die Gemeinschaften wiederum bedroht werden, denn „es wird einigen Einzelnen die Voraussetzung seiner Entwicklung *dadurch* gefährdet und genommen, daß Andre dieselben für sich ausschließlich in Anspruch nehmen. Oder, es wird in der Gesellschaft das Interesse der Einen nur dadurch erfüllt, daß das Interesse der Andern beeinträchtigt wird" (1964, 2, S. 30).

Es bedarf daher eines Organs, des Staates, dessen Vollendung nicht in der Realisierung eines Teils der Gemeinschaft besteht, sondern bei dem „das Maaß oder der Grad seiner eigenen Entwicklung in dem Grade gegeben sey, in welchem *alle* Einzelnen ihre Entwicklung finden. Ein Organismus daher, der seiner eigensten Natur nach kein Sonderinteresse haben kann, sondern der nothwendig der Vertreter der Interessen *jedes* Einzelnen ist" (1964, 2, S. 30). Als Mittelglied zwischen bürgerliche Gesellschaft und Staat tritt das Volk (1964, 2, S. 49).

In der Gesellschaft besteht das Prinzip der sittlichen Ordnung und das der persönlichen Interessen, welche sich in den Besitzverhältnissen und der Verteilung niederschlagen, Klassen entstehen lässt und gesellschaftlichen Kampf provoziert (1964, 2, S. 37–40). Die Art des Besitzes bestimmt die Gesellschaftsform. Stein entwickelt eine weitgehend materialistische Stufentheorie, die an den sich wandelnden Besitzverhältnissen orientiert ist. Kapitalkonzentration bedroht soziale Kohäsion und das sittliche Element. Das Fürsten- und Beamtentum sind die Gruppen des Staates, welche den sozialen Ausgleich hervorrufen können. Stein kritisiert das Konzept der Volkssouveränität (1964, 2, S. 46, 57 und 72). Er unterscheidet sich in seiner Anlage fundamental von früheren idealistischen Ansätzen der Staatswissenschaft, aber auch von Mohl, der ihm einen übertriebenen Arbeits-, Klassen- und Besitzfocus vorwarf.

Es ist an dieser Stelle nicht möglich, den thematisch zum Teil hin und her pendelnden Überlegungen Steins zu folgen. In der sittlichen Theorie vertritt er die Ansicht, der Mensch fühle sich zu höherem und besserem bestimmt und empfinde geistige Aufgaben, und die Aktivität des Einen sei die Bedingung für das sittliche Handeln der Anderen (1964, 2, S. 78). Er entwickelt eine Theorie der funktionalen Herrschaft und erläutert die basalen Kategorien der Arbeit, der Liebe, der Ehre, des Interesses und der Macht, um im zweiten Buch auf den Besitz als materielle Grundlage der Gesellschaft einzugehen. Seine Ausführungen zu den ideellen und materiellen Komponenten von Mensch und Gesellschaft stehen etwas unvermittelt neben einander. Er differenziert die Arten des Besitzes und die Bedeutung der Verteilung, und geht auf Reichtum, Wohlstand und Armut ein. „Der Besitz und seine Ordnung ist ... die *Grundlage aller Gesellschaftsordnung*“ (1964, 2, S. 208).

Ferner wird die gemeinschaftliche Aufschichtung von Geselligkeit, Sitte und Rechtsordnung behandelt. Soziale Harmonie sei ein dynamisches Konzept. Als Gefahren sieht er das Entstehen von Massenarmut und das Schwinden der Mittelklasse an. Er hebt auch hervor, dass eine Gefahr drohe, wenn „der Besitz dem Ethos seinen Charakter und seine lebendige Kraft nimmt – der Sieg der gegebenen Besitzvertheilung über das geistige Leben und die geistigen Güter ... das Ethos, auf diese Weise an den Besitz gebunden, der *Vertheilung und dem Rechte des Besitzes* willenlos folgen muß“ (1964, 2, S. 259, vgl. Walzer 1983 und Dugger 1992).

Insgesamt kann man Stein kaum bestimmten Ausprägungen der Rutherfordschen Dichotomien zuordnen, da er zwar einerseits den Staat holistisch als integrierte Persönlichkeit mit eigener Logik konzipiert (1964, 2, S. 53), aber andererseits die privaten Interessen der Individuen eine große Rolle spielen. Ferner vertritt er für die bürgerliche Gesellschaft ein selbstinteressiertes Akteuersmodell, andererseits kommt das sittliche Element auch zum Zuge. Einerseits kommt Bewegung, Spannung und Entwicklung durch die Klassengegensätze in die Gesellschaft, andererseits bedarf es aber durch das fürstliche Königtum des sozialen Ausgleichs durch Design und Reform.

8. Ergebnisse

Brückner stellte fest, „daß über Begriff, Umfang und Gliederung der Staatswissenschaften von der gewöhnlich als Beginn ihrer Entwicklung angesehenen Mitte des 18. Jahrhunderts bis heute keine Einigung zu erzielen war ... [Hinsichtlich der Begriffsbestimmung:] Schlözer unterscheidet sich von Petersen, dieser von Strelin, dieser von Vollgraf, dieser von Mohl, dieser von Bülau, dieser von Stein, dieser von Bluntschli" (1977, S. VI; ähnlich Waszek 1987, S. 1). Diese Untersuchung kommt zu einem ähnlichen Ergebnis. Insbesondere unsere methodische Ausgangshypothese anhand der Rutherfordschen Dichotomien zur Entzifferung einer epistemologischen Tiefenstruktur der Staatswissenschaft hat sich eigentlich nicht bestätigt. Die Methodenreflexion im Rahmen der Hochphase der Staatswissenschaft führte zu keinem klaren Standpunkt; erinnert sei an Mohls Changieren zwischen einem absoluten und einem relativen Wahrheitsbegriff und der einen Staatswissenschaft und der raum-zeitlich begrenzten vielen Staatswissenschaften und seiner dogmenhistorisch inkonsistenten Einschätzung des Werkes von A. Smith. Die methodische Dichotomie Formalismus-Antiformalismus wurde von einigen Vertretern der Staatswissenschaft dahingehend beantwortet, dass die Ethnologie und die Geschichtswissenschaft die natürliche Nachbardisziplinen der Staatswissenschaft sein sollten, dem steht die Forderung Steins nach einer gut fundierten Statistik gegenüber.

Wir konnten auch ansonsten keinen klaren Entwicklungsgang der Diskussion zu einer kohärenten Staatswissenschaft entdecken, oder eine substantielle Tiefenstruktur bzw. eine eindeutige Konvergenz auf einen bestimmten Kanon oder auf ein Paradigma ermitteln. Hiermit mag auch der Befund über die Sekundärliteratur erklärt werden, die einerseits gefällige Einzelstudien bietet, aber gerade die angelsächsische Literatur in systematischer Hinsicht zu wünschen übrig lässt, was mit der kaum erkennbaren übergreifenden Struktur der Staatswissenschaft erklärt werden könnte. Wir sahen, dass es zu keiner einheitlichen Abgrenzung und Zuordnung der Disziplinen zu der Staatswissenschaft kam. Mohl schlug eine Dreigliederung vor und wollte die Gesellschaftswissenschaften und die Volkswirtschaftslehre aus den Staatswissenschaft ausgliedern, Stein wiederum schlug den entgegengesetzten Weg einer möglichst umfassenden Staatswissenschaft als Universalwissenschaft vor, deren Anspruch er aber durch das Fehlen des entscheidenden dritten Bandes seines Systems nicht einlösen konnte.

Ferner zeigte sich, dass auch das Abstraktionsniveau sehr schwankte, Schlözers grundlegende philosophische Gedanken stehen neben Jungs Vorschlägen etwa zur Höhe der Fenster in Krankenhäusern. Schlözer bedient sich naturrechtlicher Argumentationsfiguren, die Mohl wiederum strikt ablehnt und für völlig unrealistisch hält. Auch das Menschenbild schwankt selbst innerhalb einzelner Werke, so beginnt Schlözer mit dem Hobbesschen Menschenbild und wechselt später zum Pufendorfschen geselligen Menschen. Bei Stein begegneten wir einer ganz anderen, lebensphilosophischen Begründung. Offen blieb auch, inwiefern das als notwendig angesehene sittliche Element einer religiösen bzw. christlichen Basis bedurfte oder nicht. Ferner gab es unterschiedliche Auffassungen zum Ursprung des Staates, sowohl eine Kontrakt- als auch eine Überlagerungstheorie wurden vertreten.

Sehr unterschiedliche Vorstellungen lagen auch zur Frage vor, in welchen Bereichen, wann und wie tief der Staat in Wirtschaft und Gesellschaft intervenieren sollte; den bürgerlichen Freiheitsrechten und z. B. der Gewerbefreiheit standen die Forderungen nach Ordnung und makroinstitutioneller Rahmensetzung oft ambivalent gegenüber, womit die Rutherfordsche Dichotomie Individualismus versus Holismus angesprochen ist (Autonomie des Individuums versus normative Kollektivbindungen). Auch gab es unterschiedliche Ansichten über die relative Bedeutung ideeller und materieller Faktoren für die gesellschaftliche Entwicklung. Im Einnehmen sowohl der linken, als auch der rechten Seite der Rutherfordschen Dichotomien ließe sich auch eine Stärke der Staatswissenschaft sehen, nämlich eines nicht dogmatischen, je durch Gegenstand und Fragestellung bedingten mehrpoligen Ansatzes, der z. B. in Mohls sozialem Interessengruppentheorem, bei dem sich individualisierende und kollektiv-holistische Tendenzen überlagern, zum Ausdruck kommt.

Einerseits wurde die Ansicht vertreten, dem Staat komme eine herausragende gestaltende, ordnende und integrierende Rolle zu, andererseits wurden aber auch Argumente zu seiner funktionellen Entlastung (Mohl) vorgetragen, so dass sich festhalten lässt, dass hinsichtlich der Rutherfordschen Reform- und Design-Polausprägungen ganz unterschiedliche Meinungen vorlagen. Diese hingen auch davon ab, ob man von einem gesamtgesellschaftlichen Differenzierungsprozess wie Mohl ausging, oder wie Treitschke am Entwicklungs- und Gestaltungsprimat der Politik, und das hieß für Treitschke: am Gestaltungsprimat des Staates, festhielt.

Diesem nüchternen Befund steht zunächst nur das neue Interesse – nicht nur in den Wirtschaftswissenschaften – an einer revitalisierten interdisziplinären Ausrichtung gegenüber, die sich auch in der Gründung der Erfurter Fakultät der Staatswissenschaft ausdrückt. Erinnert sei an Borchardts Lob des deutschen theoretischen Sonderweges und seiner eventuellen rosigen Zukunft. Auch ist nicht zu übersehen, dass es moderne Lehrbücher z. B. im Bereich der Volkswirtschaftslehre gibt, die praktisch auf dem Fundament einer weiter gefassten Staatswissenschaft ruhen (Stretton und Orchard 1994; siehe auch das alternative Lehrbuch von Stretton 1999, das sich gut für Mikro- und Makrovorlesungen an einer staatswissenschaftlichen Fakultät eignet).

Zwar ließ sich im Vorgehenden kein allgemein verbindliches Gesamtprogramm der Staatswissenschaft ermitteln. Dennoch lassen sich einige zentrale Felder benennen, die zwar nicht von allen Debatanten über die Staatswissenschaft geteilt wurden, aber dennoch zu bestimmten Zeiten für einige wichtige Vertreter der Staatswissenschaft bedeutsam waren. Sicher gehört hierzu der praktisch-politische Impetus, das Bemühen, konkrete Antworten auf Missstände zu geben, das auch in Lists Gutachten zum Ausdruck kam: das Bestreben, den Schlendrian der Staatsdiener nicht als naturgegeben hinzunehmen, sondern als Bildungsdefizit zu interpretieren und zwecks Abhilfe eine spezielle staatswissenschaftliche Ausbildung vorzuschlagen. Nicht nur List ging es inhaltlich um einen Querschnitt des Wissens von philosophischen Grundfragen bis hin zu praktisch-konkretem Wissen. Neben der vertikalen Achse ging es auch um eine horizontal breite Themenpalette, die in den frühen Jahrgängen der *Zeitschrift für die gesammte Staatswissenschaft* hervorstach und sich im Fadenkreuz von Wirtschaft-Gesellschaft-Recht-Politik und Staat bewegte.

Neben dem breiten Themenspektrum fällt auch trotz aller Streitigkeiten hinsichtlich der genauen Abgrenzungen der interdisziplinäre Charakter bei den meisten Autoren auf: Staatsrecht, politische Ökonomie und Statistik befanden sich meist in der Aufzählung der Vorschläge, als Hilfswissenschaft sollte oft die Geschichtswissenschaft dienen. Auch die Statistik war (z. B. bei Stein) stets eingebunden in den philosophisch-praktischen Kontext zur besseren Durchdringung von Leben und Wissenschaft, d. h. er verstand sie als empirische Wissenschaft unter steter Beachtung des Adäquanzproblems.

Ein weiterer häufig anzutreffender Schwerpunkt bezieht sich auf die gesellschaftlichen Arbeitsbedingungen, die soziale Frage, auch im erweiterten Steinschen Sinne der zu begrenzenden Bedeutung von Besitz als gesellschaftlicher Entscheidungsmacht. Die Besitzverhältnisse und die Verteilungsfrage stellen demnach einen wesentlichen Aspekt der Staatswissenschaft vor. Verteilungsfragen lösen sich nicht durch Marktprozesse von selbst. Dem Staat kommt in der Staatswissenschaft die Aufgabe zu, für das Gemeinwohl als Interessenschlichter zu wirken und zu starke Verteilungsungleicheit zu bekämpfen. Auch lässt sich sagen, dass die Staatswissenschaft sich der Spannung zwischen einer integrierten und politisch steuerbaren Gesellschaft und dem evolutionären Differenzierungsprozess stellt und einen Luhmannsche autopoietischen Systemsolipsismus aus guten Gründen nicht für unproblematisch hält. Nach Meinung des Verfassers dieses Beitrages ist es auch eher als Stärke anzusehen, dass das emphatische Polis-als-Lebenswelt-Konzept der Antike nachhallt, da sich in ihm der normative Überschuss der Zivilgesellschaft bekundet.

Den meisten Vertretern der Staatswissenschaft ging es um eine gebändigte Erwerbswirtschaft, besonders die Schüzschen Überlegungen klingen wie Vorläufer zum Konzept der Sozialen Marktwirtschaft. Als Handlungsideal schwebt eine aufgeklärte, nicht die eigenen Interessen auf Biegen und Brechen verfolgende, sondern auf das längerfristige Wohl der Gesamtgesellschaft ausgerichtete Orientierung vor, bei der auch sittliche Überlegungen für ökonomisches Handeln relevant sein sollen. Flankiert werden diese Überlegungen durch ein anthropologisches Homo duplex-Modell, bei dem der Mensch grundsätzlich sowohl selbstinteressiert und auch solidarisch-normorientiert ausgerichtet ist, was zu innerpsychischen Spannungen führt und die jeweilige motivationale Mischung stark vom normativ-institutionellen Umfeld abhängt.

Zwar gibt es unterschiedliche Auffassungen über den Grad der gesellschaftlichen Ausdifferenzierung und das Wirken der Eigenlogiken der Teilsysteme. Trotzdem teilen die meisten Vertreter das Schüzsche Postulat der Eingebettetheit von Marktprozessen in institutionelle Regelungen, die etwa von Jung dem Staat als wichtige Ordnungsaufgaben aufgegeben werden. Mohls positive Sicht der höheren Rechtssicherheit, des geregelteren Staatshaushalts und mäßiger Zölle als Ergebnis staatswissenschaftlichen Engagements können auch als angemessene und zu einem Teil bereits verwirklichte Ziele einer heutigen staatswissenschaftlichen Fakultät betrachtet werden. Zusammenfassend lässt sich festhalten, dass die Entwicklung der Staatswissenschaft bis zur Mitte des 19. Jahrhunderts für uns heute kein klar umrissenes Paradigma vorgibt, sondern Aufgaben in einem nunmehr globalisierten Kontext formuliert, die unseres Gestaltungswollens harren.

Hierbei kann nicht mehr auf eine Metawissenschaft zurückgegriffen werden, eine Leitwissenschaft gibt es nicht. Zwar hat die Professionalisierung zu Abschottungen geführt, dennoch werden aus den Einzelwissenschaften Fragen an die Nachbarwissenschaften gestellt. Um diesen Prozess zu fördern, bedarf es institutioneller Vorgaben, etwa in Form der Gründung einer staatswissenschaftlichen Fakultät. Ihre Aufgabe besteht nicht darin, Ergebnisse von vornherein festzustellen, sondern sie ist prinzipiell als ergebnisoffener Prozess angelegt.

Literaturverzeichnis

Angermann, E. *Robert von Mohl.* Neuwied, 1962.

Aristoteles. *Politik,* hg. O. Gigon. München, 1973.

Backhaus, J. (Hg.). *Gustav von Schmoller und die Probleme von heute.* Berlin, 1993.

Backhaus, J. „The German economic tradition: from cameralism to the Verein für Sozialpolitik". *Political economy and national realities,* hg. M. Albertone und A. Masoero. Turin, 1994. S. 329–356.

Backhaus, J. „Introduction: The intellectual future of the concept of Staatswissenschaften". *European Journal of Law and Economics,* 12 (2001), 103.

Backhaus, J. und H. Peukert (Hgg.). *Anthologie: Klassische Texte zur Begründung der Sozialen Marktwirtschaft,* erscheint 2004 im Oldenbourg Verlag.

Blasius, D. und E. Pankoke. *Lorenz von Stein.* Darmstadt, 1977.

Bleek, W. und H. J. Lietzmann (Hgg.). *Schulen in der deutschen Politikwissenschaft.* Opladen, 1999.

Bleek, W. „Die Tübinger Schule der gesamten Staatswissenschaft". *Schulen in der deutschen Politikwissenschaft,* hg. W. Bleek und H. J. Lietzmann. Opladen, 1999. S. 105–129.

Borchardt, K. „Anerkennung und Versagen: Ein Jahrhundert wechselnder Einschätzungen von Rolle und Leistung der Volkswirtschaftslehre in Deutschland". *Geschichte der deutschen Wirtschaft im 20. Jahrhundert,* hg. R. Spree. München, 2001. S. 200–223.

Braunreuther, K. „Über die Staatswissenschaften von 1810 bis 1860 an der Humboldt-Universität zu Berlin". *Zeitschrift für Geschichtswissenschaft,* 8 (1960), 1604–1631.

Brückner, J. *Staatswissenschaften, Kameralismus und Naturrecht.* München, 1977.

Butterwege, C. et al. (Hgg.). *Herrschaft des Marktes: Abschied vom Staat?* Baden-Baden, 1999.

Conrad, J. et al. (Hgg.). *Handwörterbuch der Staatswissenschaften.* Jena, 1890–1897.

Denzer, H. *Moralphilosophie und Naturrecht bei Samuel Pufendorf.* München, 1972.

DiMaggio, P. J. und W. P. Powell. „Introduction". *The new institutionalism in organizational analysis,* hg. Powell und DiMaggio. Durham, 1991. S. 232–263.

Dosi, G. *Technical change and industrial transformation.* New York, 1984.

Drechsler, W. „On the viablility of the concept of Staatswissenschaften". *European Journal of Law and Economics,* 12 (2001), 105–111.

Dugger, W. M. *Underground economics.* Armonk, 1992.

Duve, T. *Die Methodendebatte der Historiker und die Entwicklung der Rechts- und Staatswissenschaften um 1900.* Leipzig, 2000.

Ellwein, T. und J. Hesse (Hgg.). *Staatswissenschaften: Vergessene Disziplin oder neue Herausforderung?* Baden-Baden, 1990.

Etzioni, A. *The moral dimension.* New York, 1988.

Fisher, F. M. „Games economists play: A noncooperative view". *Rand Journal of Economics,* 20 (1989), 113–124.

Grossekettler, H. *Lorenz von Stein und die moderne Staatswirtschaftslehre.* Volkswirtschaftliche Diskussionsbeiträge. Universität Münster. Nr. 257. Münster, 1998.

Hegel, G. W. F. *Grundlinien der Philosophie des Rechts oder Naturrecht und Staatswissenschaft im Grundrisse.* Berlin, 1821 (Neuauflage Frankfurt, 1970).

Huber, E. R. „Die deutsche Staatswissenschaft". *Zeitschrift für die gesamte Staatswissenschaft,* 95 (1934), 1–65.

Hutchison, T. W. „From Zeitschrift für die gesamte Staatswissenschaft (ZgS) to Journal of Institutional and Theoretical Economics (JITE), 1844–1994". *Journal of Institutional and Theoretical Economics,* 150 (1994), 1–10.

Inama-Sternegg, K. T. *Staatswissenschaftliche Abhandlungen.* Leipzig, 1903.

Jastrow, J. (Hg.). *Die Reform der staatswissenschaftlichen Studien.* Schriften des Vereins für Socialpolitik. Bd. 160. München, 1920.

Jung, J. H. *Lehrbuch der Staats-Polizey-Wissenschaft.* Leipzig, 1788 (Neuauflage Goldbach, 1970).

Kuttner, R. *Everything for sale.* New York, 1998.

Lawson, T. *Economics and reality.* London, 2000.

Lindenfeld, D. F. *The practical imagination: The German sciences of state in the nineteenth century.* Chicago, 1997.

List, F. „Gutachten über die Errichtung einer staatswissenschaftlichen Fakultät". *Friedrich Lists kleinere Schriften,* hg. F. Lenz. Jena, 1926. S. 265–285 (Erstveröffentlichung 1817).

List, F. *Das nationale System der politischen Ökonomie,* hg. A. Sommer. Basel, 1959 (Erstauflage 1841).

Lueder, A. F. *Über Nationalindustrie und Staatswirthschaft.* 3 Bde. Berlin, 1800, 1802 und 1804 (Neuauflage Bristol, 1998).

Maier, H. *Die ältere deutsche Staats- und Verwaltungslehre (Polizeiwissenschaft).* Neuwied, 1966.

Maier, H. *Die ältere deutsche Staats- und Verwaltungslehre.* 2. Aufl. München, 1980.

Maier, H. „Zur Lehrgeschichte der politischen Wissenschaft". *Politische Wissenschaft in Deutschland.* München, 1969. S. 15–52.

Maier, H. „Staatswissenschaft(en)". *Evangelisches Staatslexikon,* hg. H. Kunst et al. 2. Aufl. Stuttgart, 1975. Sp. 2533–2535.

Marx, K. *Das Kapital.* Band 1. Marx-Engels-Werke (MEW), Band 23. Berlin, 1975 (Erstauflage 1883).

Mayr, G. *Begriff und Gliederung der Staatswissenschaften.* Tübingen, 1910.

Mohl, R. *Die Geschichte und Literatur der Staatswissenschaften.* 3 Bde. Erlangen, 1855, 1856 und 1858 (Neuauflage Graz, 1960).

Mohl, R. *Encyklopädie der Staatswissenschaften.* Tübingen, 1859.

Mohl, R. „Gesellschaftswissenschaften und Staatswissenschaft". *Zeitschrift für die gesammte Staatswissenschaft,* 7 (1851), 1–71 (Neuauflage Schutterwald, 1992).

Mohl, R. „Über eine Anstalt zur Bildung höherer Staatsdiener". *Zeitschrift für die gesammte Staatswissenschaft,* 2 (1845a), 268–293.

Mohl, R. „Literarhistorische Übersicht über die Encyklopädieen der Staatswissenschaften". *Zeitschrift für die gesammte Staatswissenschaft,* 2 (1845b), 423–480.

Mohl, R. et al. „Vorwort". *Zeitschrift für die gesammte Staatswissenschaft,* 1 (1844), 3–6.

Nörr, K. W. et al. (Hgg.). *Geisteswissenschaften zwischen Kaiserreich und Republik.* Stuttgart, 1994.

Pearson, H. „Was there really a German historical school of economics?". *History of Political Economy,* 31 (1999), 547–562.

Peukert, H. *Das Handlungsparadigma in der Nationalökonomie.* Marburg, 1998.

Peukert, H. „Walter Eucken (1891–1950) and the historical school". *The theory of capitalism in the German economic tradition,* hg. P Koslowski. Berlin, 2000a. S. 93–145.

Peukert, H. „Werner Sombart". *Werner Sombart (1863–1941): Klassiker der Sozialwissenschaften,* hg. J. Backhaus. Marburg, 2000b. S. 15–82.

Peukert, H. „Some recent literature on the historical school and institutionalism in Germany [Sammelrezension]". *European Journal of the History of Economic Thought,* 7 (2000c), 609–615.

Peukert, H. „The Schmoller renaissance". *History of Political Economy,* 33 (2001a), 71–116.

Peukert, H. „Bridging old and new institutional economics: Gustav Schmoller and Douglass C. North, seen with oldinstitutionalists' eyes". *European Journal of Law and Economics,* 11 (2001b), 91–130.

Peukert, H. „The multifaceted balance of the concept of Staatswissenschaften in the tradition of the historical school". *European Journal of Law and Economics,* 12 (2001c), 113–122.

Peukert, H. „Der evolutorische Ansatz des Altinstitutionalismus". *Curriculum evolutorische Ökonomik,* hg. Erlei, M. und M. Lehmann-Waffenschmidt. Marburg, 2002a. S. 111–138.

Peukert, H. „Critical ‚old' institutionalism in perspective". *Institutionenökonomie: Theoretische Konzeptionen und empirische Studien,* hg. D. Ipsen und H. Peukert. Frankfurt, 2002b. S. 3–19.

Peukert, H. „Commentary". *The historicity of economics,* hg. H. H. Nau und B. Schefold. Berlin, 2002c. S. 126–129.

Peukert, H. „Ideengeschichtliche Entwicklung: Historismus". *Handbuch zur evolutorischen Ökonomik,* hg. C. Hermann-Pillath und M. Lehmann-Waffenschmidt. Berlin. Geplant für 2004a.

Peukert, H. „Justi's moral economics and his system of taxation (1766)". *First Erfurt conference on fiscal sociology,* hg. J. Backhaus. Erscheint 2004b.

Peukert, H. „Justi's concept of moral economics and the good society". *Justi: Social scientist,* hg. J. Backhaus. Erscheint 2004c.

Peukert, H. „The benevolent prince in Veit Ludwig von Seckendorff's *Teutscher Fürsten Stat* with special consideration of the prince's revenues, regalia and taxes". *European Journal of Law and Economics,* erscheint 2005.

Platon. *Politeia,* hg. W. F. Otto. Hamburg, 1977a.

Platon. *Nomoi,* hg. W. F. Otto. München, 1977b.

Preu, P. *Polizeibegriff und Staatszwecklehre.* Göttingen, 1983.

Priddat, B. „Erste Begegnungen und Differenzen mit Adam Smith in Deutschland". *Wirtschaftswissenschaft und Wirtschaftswirklichkeit,* hg. B. Priddat und A. Vilks. Marburg, 1998. S. 217–238.

Prisching, M. „The limited rationality of democracy: Schumpeter as the founder of irrational choice theory". *Critical Review,* 9 (1995), 301–324.

Roscher, W. *Geschichte der National-Oekonomik in Deutschland.* München, 1874.

Rutherford, M. *Institutions in economics: The old and the new institutionalism.* Cambridge, 1996.

Sartorius, G. *Handbuch der Staatswirthschaft.* Berlin, 1796 (Neuauflage Bristol, 1998).

Sauermann, H. „Die gesamte Staatswissenschaft im Spiegel ihrer Zeitschrift". *Zeitschrift für die gesamte Staatswissenschaft,* 134 (1978/1979), 1–14.

Scheer, H. *Solare Weltwirtschaft: Strategie für die ökologische Moderne.* 3. Aufl. München, 1999.

Schiera, P. *Laboratorium der bürgerlichen Welt.* Frankfurt, 1992.

Schlözer, A. L. *Allgemeines StatsRecht und StatsVerfassungslere.* Göttingen, 1793 (Neuauflage Keip, 1970).

Schmidt, K.-H. „Staatswirtschaftslehre" – A component of „Staatswissenschaften" today and tomorrow". *European Journal of Law and Economics,* 12 (2001), 135–143.

Schüz, E. W. „Das sittliche Moment in der Volkswirthschaft". *Zeitschrift für die gesammte Staatswissenschaft,* 1 (1844a), 132–159.

Schüz, E. W. „Das politische Moment in der Volkswirthschaft". *Zeitschrift für die gesammte Staatswissenschaft,* 1 (1844b), 329–349.

Schüz, E. W. „Über das Princip der Ordnung in der Volkswirthschaft". *Zeitschrift für die gesammte Staatswissenschaft,* 2 (1845), 234–267.

Schuppert, G. F. *Staatswissenschaft.* Baden-Baden, 2003.

Sheehan, J. J. *The career of Lujo Brentano.* Chicago, 1966.

Sombart, W. *Die Ordnung des Wirtschaftslebens.* Berlin, 1925.

Stavenhagen, G. „Staatswissenschaft". *Staatslexikon,* hg. Görres-Gesellschaft. 6. Aufl. 7. Band. Freiburg, 1962. Sp. 625–628.

Stein, L. „Die staatswissenschaftliche Theorie der Griechen vor Aristoteles und Platon". *Zeitschrift für die gesammte Staatswissenschaft,* 9 (1853), 115–182.

Stein, L. *System der Staatswissenschaft.* 2 Bde. Meisenheim, 1852 und 1856 (Neuauflage Osnabrück, 1964).

Stretton, H. *Economics.* London, 1999.

Stretton, H. und L. Orchard. *Public goods, public enterprise, public choice.* Houndmills, 1994.

Taeuber, W. „Staatswissenschaft". *Handwörterbuch der Sozialwissenschaften,* hg. E. Beckerath et al. Band 9. Göttingen, 1956. S. 763–770.

Treitschke, H. *Die Gesellschaftswissenschaft.* Leipzig, 1858 (Neuauflage Halle, 1927).

Tribe, K. *Strategies of economic order: German economic discourse, 1750–1950.* Cambridge, 1995.

Voigt, R. *Des Staates neue Kleider.* Baden-Baden, 1996.

Walzer, M. *Spheres of justice.* New York, 1983.

Waszek, N. *The teaching of cameralism, „Staatswissenschaften", and economics in early nineteenth century Germany.* Universität Hannover. Fachbereich Wirtschaftswissenschaften. Diskussionspapier Nr. 103. Hannover, 1987.

Winkel, H. „Adam Smith und die deutsche Nationalökonomie 1776–1820". *Studien zur Entwicklung der ökonomischen Theorie V,* hg. H. Scherf. Berlin, 1986. S. 81–109.

Wolff, H. J. (Hg.). *Aus der Geschichte der Rechts- und Staatswissenschaften zu Freiburg i. Br.* Freiburg, 1957.

Bei Fragen zur Produktsicherheit wenden Sie sich bitte an:
If you have any questions regarding product safety,
please contact:

Walter de Gruyter GmbH
Genthiner Straße 13
10785 Berlin
productsafety@degruyterbrill.com